世界基準で子どもの探究心を鍛えよう!

マルチスポーツを科学する

スポーツをテーマにした探究学習の教科書

帝京大学経済学部准教授
大山 高

青娥書房

まえがき

近年、日本のスポーツをめぐる社会問題が目立つようになってきた。「ブラック部活」は部活動における長時間練習、指導者による体罰、部活内のいじめ等を指し、こういった問題は周知のとおり後を絶たない。

さいたま市にある「さいたま市立大宮国際中等教育学校」は、市立大宮西高校から完全中高一貫6年制へ移行し2019年に開校した。開校の際に部活動のあり方が議論され、〝国際的な視野を身につける人材育成〟の視点から海外の基準と同じく「部活動のシーズン制（年間を通して季節ごとに複数のスポーツをする）」を導入した。中学生でも英語が流暢に話せる同校の生徒たちは、アメリカとニュージーランドにある提携校への留学が推奨されており、両国の部活システムのスタンダードであるシーズン制に留学前から馴染んでいる。

開校当初は赴任した教員側の理解を得ることに苦労し、旧態依然とした「部活は一つに絞るべきだ」という主張が多く散見された。しかし、同校のIB（※）コーディネーターであるブラッド・セマンズ氏は「学校における運動部活動の意義は、必ずしも中体連（日本中学体育連盟）や高体連が主催する大会に出場して全国を目指すことではない」として、むしろ中高生年代はさまざまなスポーツに触れるマルチスポーツを奨励すべきだと主張した。
大宮国際中等教育学校が開校してからわずか3年後の2022年、「全競技で地域クラブ参加へ。全中、中体連が通知（2022年12月2日）」というニュースが全国にリリースされた。少子化により「学校単位での1チーム登録制」が成り立たなくなり、地域クラブも大会に参加できるようになったのである。

私が研究しているマルチスポーツとは、簡単にいえば「多種目のスポーツをする」ことである。海外ではマルチスポーツを政策的に導入している国々が多く存在し、その中にも課題はあり、現在も研究が続けられている。

本書は他国のスポーツにおけるグローバルスタンダードを紹介し、諸外国の取り組みをそのままコピー&ペーストするのではなく、そのメリットや課題を探究することで部活動を含めた日本スポーツ界全体の未来予想図を議論するための教材として使っていただければ幸甚である。

大山　高

※ＩＢ（International Baccalauréat）国際バカロレアの略。「国際バカロレア機構（スイス）」が認定する学校では国際的に通用する大学入学資格（ＩＢ資格）を与えられる。ＩＢコーディネーターとは同機構が提供する世界共通の教育プログラムのカリキュラム作成等を行う専門家のこと。

マルチスポーツを科学する◆もくじ

【第1章】これからの時代に不可欠な探究心

▼スポーツが探究教材として選ばれる理由

2 スポーツに関する常識を海外と比べて考えてみよう

【第3章】

自分の頭で考える「スポーツ探究授業」

▼スポーツの当たり前を疑うための素朴な疑問！

【第4章】マルチスポーツを科学する

▼「する・みる・ささえる」スポーツがもたらすもの

1 「するスポーツ」として探究するマルチスポーツ

【第5章】マルチスポーツ×探究心を高める思考法

▼グローバルな子どもを育む4つのヒント

4 常に東南アジアの動向を意識する思考法

編集制作／株式会社東京出版企画
装丁／伊藤 史［スタジオ・マイ］

プロローグ

探究心とマルチスポーツ

▼課題を見つけ解決する力を鍛える

新学習指導要領で新たに誕生したキーワード「探究心」

この本で主に示したいキーワードは「探究心」と「マルチスポーツ」である。この二つのキーワードから何を想起させたいのかわかりにくいかもしれないが、どちらもまだ日本で浸透していない新しい言葉だ。結論から述べると、本書のメッセージは「マルチスポーツは子どもたちの探究心を育むことができる」である。

グローバル化が進む中、知識を丸暗記する教育では世界に伍して戦っていけなくなることが予測されている。これからは「自分で課題を見つけ、情報を収集し、表現する」学習方法が求められ、知識偏重を脱する『探究型授業』が日本でも2018年から導入された。小中高の各段階において新たな「学習指導要領」への移行が段階的に進められており、その新指針で最も力点を置いている部分が「探究」という新しいキーワードだ。

私も含め、現代の子育て世代の親は探究型という新しい教育スタイルの授業を受けていないため、具体的なイメージをしずらい人が多いと思う。

探究学習は、小学校と中学校では「総合的な学習の時間」、高等学校では「総合的な探究の時間」を通じて学ぶ。また、高等学校では「古典探究」や「地理探究」「日本史探究」

「世界史探究」「理数探究基礎」「理数探究」など探究学習の科目が新たに誕生した。

身近な存在のスポーツは探究学習における絶好のテーマ

探究学習のテーマは各学校が自由に設定することができるが、探究学習白書によると、「総合的な学習の時間」あるいは「総合的な探究の時間」の授業においてよく取り上げられているテーマの第1位は「職業」であり、2位は「国際理解」、3位は「環境」という結果であった。

「職業」をテーマにした探究学習では、さまざまな職業体験を通して、どのような職業が自分に向いているのかを考えたり、どのような社会貢献ができるのかなどを学んだりする。「国際理解」では、世界各国の伝統や文化、習慣、価値観などを理解し、共生することを学び、「環境」をテーマにした探究学習では、環境問題と社会生活との関わりや、自然環境の調査を通して課題を見つけ、解決に向けた取り組みを考えたり発表し合ったりしている。ところが、この画期的な教育改革を進めていく中で、どういうわけか10位までのテーマにスポーツが入っていない。

スポーツは改めて説明するまでもなく、地球上の人々が世界共通のルールで楽しんだり、競い合ったりする〝人類の文化〟である。例えば、アメリカとカンボジアでは言語も通貨も食文化も違う。国が違えば基本的に法律や教育等のルールも違うはずだが、なぜかスポーツだけは世界共通なのだ。スポーツが人類の文化になってきたのは、スポーツの中で、あるいはスポーツを通して人々が生きる実存的な経験を得られることだからではないだろうか。

人生には必ず「幸福と苦悩」「獲得と喪失」「勝利と敗北」「共存と排他」「栄誉と屈辱」など、実社会で子どもから大人まで経験すべきことが集約されている。

本書で『探究心×スポーツ』という二つのキーワードを掛け算した理由は、人間の思考力の活性化であり、子どもたち自らが主体的に疑問と課題を見つけ、情報を収集し、分析することで考える力、解決する力を鍛え養う「探究学習」において、みんなが身近に感じられるスポーツこそ最高の教材ではないかと考えたからである。

「探究心」と「思考力」は表裏一体

新型コロナウイルスのパンデミック（世界的大流行）は、我が国はじめ世界中を大混乱に陥れた。ジャーナリスト・池上彰氏の著書『なぜ、いま思考力が必要なのか？』（講談社刊）

の中で、この未曾有の事態の中で人々は不安を抱えながら「私たちの思考力が試されている」と述べている。

「人は不安を感じる状況、『とにかくよくわからない』状況の中では、つい『思考停止』になってしまいます。不安なときこそ、思考力というものが必要だと、私たちは実感したのではないでしょうか。思考停止に陥れば、つまり『自分の頭で考える』ということができなければ、『自分の代わりに、他人に考えてもらう』ということになります。そうして他人の考えに自分の頭の中が支配されてしまい、世の中の大勢に流れたり、不安でパニックになったり、デマを信じたりしてしまいます」

と指摘する中で、池上氏は同書を通じて「私があなたに示したい思考力とは、事実を真摯に探究して、それを積み重ねていくことによって、社会の現実と自己のありようを知り、『自分がよりよく変わる力』です」と述べている。

私は〝探究する〟という言葉をあえてマルチスポーツの研究でも取り上げることにした。〝思考する〟という表現のほうが一般的でわかりやすいのかもしれないが、近年、学校教育の現場では子どもたちの探究心を育むことにフォーカスしているため、「探究」という言葉を普及させるべきだと考えたからだ。

探究心とは、子ども自らが学ぼうとする学びの力のこと。もっと知りたいという〝知識欲〟が刺激され、学力にも大きく影響する研究結果が出てきている。

探究心を育むためには、おもしろい、楽しいという体験はもちろんのこと「どうしてだろう?」「なぜそうなるの?」といった疑問力を鍛えることにつながり、池上氏のいう「自分がよりよく変わる力」を習得して成長をもたらす。探究心を育む重要性は、子どもの学力に密接に関わる非認知能力の一つとされており、「総合的な探究学習」という新しい授業が段階的に導入されはじめている。

パンデミックを機に「新しい常識」をつくる令和の時代

「自分がよりよく変わる力」は大袈裟な話ではなく、新型コロナウイルスと長く闘い続けている我々を含め、世界中の人々が向上したチカラであると断言してよい。

これまでに経験したことがないような生活環境となり、試行錯誤しながら〝新しい常識〟を確立していく。感染しないためにどういう行動が正しいのか。免疫力を高めるためにはどんな運動をすべきなのか。会社に出勤すべきなのか、あるいはしないほうがいいのか。

世界中の人々は、これまでと違った視点で自分の将来や会社・組織での働き方を見つめ直し、それなりに(不安だったからこそ)知識欲が高まったことで、これまで常識であったことを懐疑的に疑問視することができつつある。

サラリーマンであれば、リモートワークの導入や接待等の飲みニケーションを大幅に見直すこともでき、大学教員の世界でいえばパワーポイントが使いこなせず黒板しか使わなかった教授たちが、オンライン授業の動画作成までするようになった。この激変ぶりは群を抜くすごさだ。

振り返ってみれば（個人差はもちろんあるだろうが）パンデミックを機にこれだけ「自分がよりよく変わる力」が発揮され、予想もしていないスピードで〝働き方改革〟や人々の余暇の過ごし方などが激変してきた。

「これは本当に必要なことか？」
「もっとこうしたらいいのではないか？」
「考えてみればそれは変だから必要ない」

など、我々はたくさんの事象を考え続けた結果、新しい常識を創造できたのだが、他方で、我が国のスポーツ界はどうなっているのだろうか。次世代を担う子どもたちにとって、スポーツを通じて探究心を向上させられる環境が果たして整ってきているのだろうか、と思う。

本書は、まさにここが大きなポイントとなる。さまざまな業種・職種に携わる人々にとって新型コロナウイルスの感染拡大はこれまでの有り様を根本から考え直すきっかけとなったが、本書では「マルチスポーツ」という新常識をテーマに、スポーツ教育に関わるすべての人々の「自分がよりよく変わる力」が発揮されるきっかけにしていただきたいと考えている。

新時代のスポーツ教育となる「マルチスポーツ」とは

子どもたちの思考力を鍛えるために新たに誕生した探究型授業は、これまでの暗記型授業では世界基準に適応する子どもたちを育むことができないと感じてきたからだ。換言すれば、日本もやっと重い腰を上げてグローバル・スタンダードの教育政策に乗り出したということになる。

我が国のスポーツ教育・政策は海外の先進諸国と比較したとき、絶対的に海外と大きな違いといえるものが一つだけある。それが「マルチスポーツ」だ。

オリンピックやワールドカップ（W杯）レベルで活躍するスポーツ先進国といえば、G7（主要先進7ヵ国）に代表されるアメリカ、カナダ、イギリス、ドイツ、フランス、イタリアに加えて、オーストラリアやニュージーランド、そして冬季五輪でメダル獲得数上位国のノルウェーやスウェーデンなどがあげられる。これらの国々ではマルチスポーツという政策で「複数のスポーツをやることが良いこと」だと広く浸透している。一方、日本は「一つのスポーツを長く続けることが良い」とする国である。

日本人には馴染みのないマルチスポーツというシステムは、学校の運動部活動を例にあげればわかりやすい。一部の国々（例えばドイツには部活というシステムが存在しない）を除くと、海外の部活はシーズン制となっており、季節ごとに所属する種目、チーム等を変えてスポーツを楽しむことが主流になる。

アメリカでは1年間で3シーズンに分かれ、オーストラリアやニュージーランドは2シーズンに分かれている。さらに、所属できる期間も日本とは大きな違いがある。

日本の部活動には一般的に「セレクション（入部テスト）」は存在しないが、海外では「1シーズン限定のチーム編成となるため、基本的にはセレクションをやる」のが一般的だ。日本人の感覚では、部活に入ったら卒業するまでその競技をやり続ける、そのチームに所属し続けることを美徳とするが、海外ではあえてさまざまなスポーツ体験を推奨する教育方針であるため、チームを都度解散させてしまう。つまり、子どもたちに一つのスポーツを長くさせないことが〝常識〟となっている。

イギリスのコリンズ社が発行しているCollins English Dictionaryによると、マルチスポーツとは「(of an athlete, team, etc) involved in more than one sport = 一つ以上のスポーツに関わる（選手やチーム他）こと」と定義されているが、日本の広辞苑にはマルチスポーツという言葉は残念ながら載っていない。まさに我が国にとって、新時代のスポーツ教育用語の常識となるのではないだろうか。

ラグビー王国ニュージーランドですらラグビーを1年中できない

複数のスポーツ種目を通じてさまざまな身体活動を行うことを指すマルチスポーツ。日本では馴染みのない言葉だが、海外では multiple sports という単語を知らない人はいない。海外でマルチスポーツは日常化しており深く定着している。彼らの生活では学校教育や地域社会の中でスポーツを「一つに絞ることが困難な環境にいる」といったほうがわかりやすいだろう。

そもそも世界の主流はさまざまなスポーツ組織に属する仕組みとなっており、例えば部活動の兼部は高校生までは当たり前だ。兼部だと同時並行に2つ以上（複数）のスポーツをする、というイメージだろうが、時間軸を1年間にすると、彼らは季節ごとに種目を変える「シーズン制」が常識となっている。そのため、日本のように「その部活に入ったら卒業するまで続ける」という常識も存在しない。1シーズンが終われば一旦チームは解散するため、次年度も同じチームメイトになるかどうかはわからない。

2022年10月29日。ラグビー日本代表は、東京・国立競技場で改築後最多となる6万5188人の入場者を集めてニュージーランド代表「オールブラックス」と戦ったが、今回も歴史的勝利（日本は同国との代表戦でまだ一度も勝ったことがない）をつかむことはできなかった。

そんな強豪国のニュージーランドは、ラグビーシーズンの冬が終わると国中からラグビーポールが撤去され、サマーシーズンの人気スポーツ「クリケット」に一変する。そのような環境であるため、ニュージーランドではオールブラックスの選手でありクリケットの代表選手として活躍したジェフ・ウィルソンなど、ラグビー以外の他競技で国際大会に出場するアスリートが多数存在し、決して珍しいことではない。

日本人からすれば、「サッカー日本代表の本田圭佑選手が五輪代表のバスケットボール選手としても国際大会に出ている」などと想像できる人はなかなかいないだろう。

「世界基準で子どもを育む」ことがニッポン復活のカギ

「探究心」と「マルチスポーツ」。この二つの言葉は、我が国にとって今後の教育改革のアイデアとなり、おそらく避けて通れないキーワードになると考えている。

本書のサブタイトルにも明記している「世界基準で子どもを育む」というフレーズに違和感を感じる人がいるかもしれない。

「別にうちの子は日本人として日本で育ってくれたらいい」

と考える人を全否定するつもりはない。日本という国がこれからも世界で圧倒的な競争力を維持できていれば「日本人として日本で育ってくれたらいい」と考えても悪くはない。

しかし、かつてGDP（国内総生産）世界第2位という経済大国の地位は中国に抜かれ、世界競争力ランキングでは、大国アメリカを抑えて1989年〜92年まで第1位だった日本は、30年後の2022年度には同じアジア圏のシンガポール、台湾、香港などを含めた30ヵ国に追い越され、過去最低の34位にまで降格した。

ちなみに、同ランキングを毎年発表している国際経営開発研究所（IMD）は調査対象国（世界で63の国や地域）を20項目、333の基準で競争力をスコア化しており、大項目は「経済状況・経済パフォーマンス」「政府の効率性」「ビジネスの効率性」「インフラ」の4つだ。つまり、我が国はいつの間にかこれらの評価点が平均以下で、世界の上位どころか下位から数えたほうが早い低ランキングの国となってしまった。これが現実なのである。

世界の主流となった情報サービス産業では、アメリカのGoogle、Apple、Amazon、Yahoo等に個人アカウントを持たない日本人はほとんど存在しない状態にまでなっている。そして、日本の若者はMetaが運営するインスタグラム、フェイスブックや中国のバイトダンス社が提供する動画共有サービスTikTok、そしてTwitterを通じて日本人の興味や関心事を把握できるマーケティングデータをすべて海外に流出させている。

この状況を改めて分析すればわかるとおり、日本は外資系企業にいつも市場を先読みされ、後手後手にまわってコスト競争に巻き込まれているのではないだろうか。いつの時代からか国民がよく口にする「ここは日本だからね」という保守的な言葉を言っている場合ではないのである。

本来であれば、外資系企業に〝日本人の消費行動を読まれている〟ということは大問題である。日本がすべて良いと捉えがちな保守的な価値観は、もはや今の時代では現実逃避にしかすぎない。日本人の衣食住はすでに外国産に塗（まみ）れており、自国の商品やサービスに文化的価値を付与することができなかった。

「SUSHI」は日本の食文化を輸出して大成功している例ではあるが、日本食の天ぷらや抹茶、うどんなどはもっと海外で戦えるはずだ。揚げ物フードは海外にもたくさん存在しており、イギリスを代表する白身魚のフライ「フィッシュ&チップス」に対抗する日本の天ぷらは十分に通用するアイテムだ。

あのスターバックスコーヒーは、日本人が欧米人より好んでコーヒーを飲むであろうと先読みしていた。北米以外に海外進出した第1号店を日本(銀座松屋通り店を1996年)にオープンさせたことからもわかるように、日本人がいかに伝統文化にこだわらない国民であるかをむしろ外国人のほうが知っている。スタバのような海外の珈琲屋さんが日本の抹茶味を商品化してバカ売れさせているのだから、残念としか言いようがない。

複数のスポーツをやるマルチスポーツを常識化するために

マルチスポーツは、英語で multiple sports の他に、sports sampling(スポーツサンプリング)という言葉が用いられることも多いのだが、これはサンプル=試供品と訳されるとおり、いろいろなスポーツを試してみるというニュアンスでマルチスポーツの同義語として使われている。

日本人の中には海外の常識にアレルギーを持つ人も少なくないが、マルチスポーツについて説明するときに「子どもたちが複数のスポーツ種目を通じてさまざまな身体活動を行うこと」といえば、日本人でも「いいね！」となることが多い。簡単に言えば「いろいろなスポーツをやってみよう」という考え方であり、これは日本人にも受け入れやすいことであることは私自身も実感している。

しかし、マルチスポーツを正確に捉えるために「中学生や高校生が、年間を通じて複数のスポーツ種目をやること」「季節ごとに所属する部活を変えること」「同じスポーツをずっとやらないこと」と説明すると、それは非合理的だと考える人が急増する。

「中学生の部活で二つ？　兼部？　ありえないでしょ。そんな時間はない」

「一つのことに絞ってスキルを磨くべきだ」

このような反応が即座に返ってくる。多くの人々は「合理的じゃない。おかしい、そんなの無理だ」となるのだが、マルチスポーツを経営学の視点から紐解くと、持続的なチーム作りや選手の育成で競争優位の源泉となることが見えてくる。つまり、マルチスポーツの研究によって新しい日本スポーツ界の未来が見えてくるのだ。

「一見して非合理だと考えるような要素をあえて戦略的にストーリー化すること」

これは、30万部以上売れた経営書『ストーリーとしての競争戦略〜優れた戦略の条件〜』(楠木建著/東洋経済新報社刊)に出てくる言葉だ。

もともと「競争優位の戦略論」は、競合他社に打ち勝ち、優位性を築くための基本的戦略のフレームワークとしてマイケル・E・ポーターの「3つの基本戦略」が有名だが、日本企業の役員や経営諮問委員を歴任された一橋ビジネススクール国際企業戦略専攻の楠木教授は経営学者として「優れた戦略とは、思わず人に話したくなるような面白いストーリーが必要だ」と述べている。

例えばユニクロやスターバックスなど、これら成功した企業には〝一見して非合理〟で常識的には合理的じゃないストーリーを盛り込むことが共通している。

ユニクロは服を選ぶ客に対して〝店員がすぐに近づく接客をやめた〟。スターバックスは、おいしいコーヒーを売ることではなく〝店の空間を売る〟ことに徹し、フランチャイズ経営ではなく、すべての店舗を直営店経営にした。

初めて聞いた投資家たちが「何をバカなことを…(この言葉は実際に同書で使われている)」と冷笑するか、黙殺されるくらい「変だ」というポイントを戦略で実践すること。

楠木先生が提唱されるストーリーとしての競争戦略的に解釈すれば、マルチスポーツは一見して非合理なことだが、新しい優位性を築くために常識化していかなければならないことだと思う。

私はマルチスポーツという、日本人にとって未知な考え方が、批判的に反応されればされるほど、むしろ経営学視点からこれは常識化できる可能性を感じている。

「教えないコーチ」という新しい考え方

「ストーリーとしての競争戦略」の〝一見して非合理〟を代表する考え方が昨今のスポーツの指導者現場で話題になっている。

「教えない」というキーワードだ。

欧州の育成では「教えないスキル」と呼ばれる指導法が注目されており、「教える」は指導者が主語となる。一方「学ぶ」は選手が主語になるため、指導者はあくまでも選手の環境の一部であるという考え方だ。

これは、日本人でありながらスペインの男子リーグ3部クラブで女性初の監督に就任し、その後アトレティコ・マドリード女子チーム監督や普及育成副部長、ビジャレアルCFの女子部統括責任者兼トップ監督、Jリーグ常任理事等を歴任した佐伯夕利子氏の著書『教えないスキル〜ビジャレアルに学ぶ7つの人材育成術〜』（小学館刊）が伝えているものである。

同書は「頑張らせることはできても、自分で考える力を育む文化が弱い日本のリーダーたちに贈るバイブル（本文のまま引用）」とされており、選手たちが心地よく学べる環境を創造し、学習効果を高める（モチベーションを維持する）工夫をこらした「教えないスキル」が紹介されている。

また、アメリカのプロ野球メジャーリーグで活躍する大谷翔平選手やダルビッシュ有投手、そして令和の怪物と称され日本プロ野球史上最年少で完全試合を達成した千葉ロッテ・マリーンズの佐々木朗希投手を育てた吉井理人氏（現ロッテ監督）も『最高のコーチは、教えない。』（ディスカヴァー・トゥエンティワン刊）というタイトルで著書を出版した。

同書では「自分で考えさせる」という表現を主張しており、コーチングの実践方法として「成長のために、自ら課題を設定させる」「自分で問題を解決する思考回路を持たせる」「仮定の議題について議論し、思考力を鍛える」といったステップで、まさに学校現場でも積極的に使ってほしい探究学習の良い教材となっている。

マルチスポーツの有用性に共感してくれた本田圭佑選手

「探究心を鍛える」と「マルチスポーツを実践する」の二つの軸から研究している私にエールを送ってくれた一人のプロサッカー選手がいる。本田圭佑氏である。

彼は言うまでもなく日本を代表するトップアスリートだが、現役のプロサッカー選手でありながら実業家として投資や教育事業に参入したり、カンボジア代表のGMとして実質的な監督業となる指導者の顔を持つ人物だ。

本田圭佑選手との出会いは、私の勤務先である帝京大学が彼のトレーニング・コンディショニングのサポートをしており、同選手のトレーナーを務める大下太市氏（帝京大学スポーツ医科学センター所属）がマルチスポーツの研究に賛同し、本田選手本人とディスカッションする機会を与えていただいたことによる。

日本と海外（オランダ、ロシア、イタリア、メキシコ、オーストラリア、ブラジル、アゼルバイジャン、リトアニア）でプロサッカー選手としてのキャリアを培っている彼は、日本の教育問題について強い関心を持っている一人でもある。

本田圭佑選手といえば当然ながらサッカーのイメージが強いが、実はバスケットボールや体操などを子どもの頃に楽しんでいたマルチスポーツアスリートなのだ。

ちなみに、彼の大叔父（祖父の兄）にあたる本田大三郎氏は、1964年の東京五輪で正式種目として採用されたカヌー競技に、日本初のカヌー選手として出場した経歴を持つ。大三郎氏の息子・多聞氏は、レスリングのフリースタイルで3大会連続の五輪出場経験を持つプロレスラーである。

そんな生粋のマルチスポーツな親族の血を継ぐ圭佑氏は、2022年1月9日に自身のTwitterで「子供たちに幼少期から1つのスポーツだけをやらせるというのは、逆に成功する可能性を低くしています。」（本文のまま）との一文を投稿した。

これに対して、ネット上では「たしかに。他に才能があることに気づけない可能性もあるってことか！」「へー、初めて聞いた」など、いわゆる〝目からウロコです〟的なコメントが寄せられる一方で「そう思います！　子どもにはさまざまなことを経験させていきます。そして親の言うなりにはさせないようにします」とか「レブロン、パッキャオ、ロイ・ジョーンズは他の競技でも一流。小さい頃から専門的に練習するのは大事ですが、その中で自分に合っていて『好き』に取り組めるスポーツに絞れれば良いですね。能動的に行う練習こそ個の力となり、無限の可能性を秘めている」といったような日本人でもマルチスポーツを前向きに捉えるさまざまなコメントも多く見られた。

Twitterにこの投稿をした真相を本人に直接聞いてみたところ、「さまざまなスポーツを経験するメリットは『自分が決めた』という意思決定の過程が、一つのスポーツだけをやる子たちよりはるかに機会は多くなるからだ」という、明確な答えが返ってきた。

考える体験を多く持つことが、その子どもたちの将来にとって大事なステップとなり、彼によれば、プロサッカー選手になった人でも「なんでサッカーをやってきたのかわからず、すぐ挫折してしまう選手がたくさんいる」と警鐘を鳴らす。

プロサッカー選手に限らず、「サラリーマンの社会だってきっと同じことになると思う。入社する会社の選び方やその会社での働き方は、『なぜこの仕事をしているのか』を理解し、『自分でこう思って決めたことだ』という意味づけがしっかりしている人が成功するはずです」と力強く語ってくれた。

マルチスポーツは超一流選手を育成する理論ではない

知識編重を脱する新しい教育改革の軸となる「探究」は〝自分で正解を見つけること〟。決して大人の意思で何気なく方向を決めるのではなく、複数のスポーツにチャレンジすることによって指導者やチームメイトの多様な考え方に触れることができる。そのスポーツのおもしろい、楽しいという体験の数だけではなく、「なぜだろう?」「どうしてなのだろう?」といった疑問・質問を自然と湧き起こす学習機会を与えられることがマルチスポーツの魅力だと本田選手は教えてくれた。

彼が本書の構成を助言してくれた中で、一番主張したい〝マルチスポーツの真意〟とは、「マルチスポーツはトップアスリートを育てるための理論ではなく、子どもたちの探究心を育み、自ら意思決定をする能力が鍛えられることだと伝えてほしい」である。

本書がマルチスポーツの研究を紹介するだけの構成に至らなかったのは、まさに本田圭佑選手のような、もっと世界で戦える日本人、彼のような探究心が高い人材を今後我が国でも輩出していかなければならないと私自身もそう感じているからだ。

マルチスポーツという新しい考え方を知っていただくことはもちろんのこと、「探究心はスポーツを教材にして育める」というスポーツ自体の価値を改めて認識するための資料となれば幸いである。

第1章

これからの時代に不可欠な探究心

▼スポーツが探究教材として選ばれる理由

画期的な教育改革としての「探究学習」

２０１８年７月、文部科学省より公表された「高等学校学習指導要領解説 総合的な探究の時間編」によると、学校教育における探究の定義は「問題解決的な学習が発展的に繰り返されていくこと」とされ、生徒は「①日常生活や社会に目を向けた時に湧き上がってくる疑問や関心に基づいて、自ら課題を見つけ、②そこにある具体的な問題について情報収集し、③その情報を整理・分析したり、知識や技能に結びつけたり、考えを出し合ったりしながら問題の解決に取り組み、④明らかになった考えや意見などをまとめ、表現し、そこからまた新たな課題を見つけ、さらなる問題解決を始めるといった学習活動を発展的に繰り返していく」というプロセスになっている。

要するに、自分で疑問に思ったことをいろいろな方法で調べて「これだ！」と行き着いたことが正解！　という指導スタイルに変わろうとしていることがわかる。

探究という言葉が日本の教育現場で使われるようになったのは最近のことである。生徒自らが課題を設定し、解決に向けて学習活動を進めていく「探究学習」は、生徒の思考力や判断力、表現力などの育成を目的として２０１８年より段階的に移行が始まり、小中高で探究型授業の導入が実施されている。

これは現代社会において、人の生き方や働き方が多様化し、あらゆることが複雑に絡み合っていく中で生きていかなければならない状況にも起因する。日本もいよいよ暗記型学習を全面的に見直す時期に入ったといえる。

暗記型教育から「正解の複数パターン」を見つける教育へ

暗記型は子どもたちが「正解を探す」ということにどうしても専念してしまう。「こういった考え方もあるのではないか?」という探究心を育む教育とは真逆となる。もちろん、暗記型学習をすべて否定するつもりはない。覚えたことを応用してさまざまな正解のパターンを導き出すための知識となる暗記は許容範囲だ。

例えば、高度経済成長期の我が国で三種の神器といえば「冷蔵庫、洗濯機、テレビ」の三つだった。これは暗記するしかないが、この知識を活用して「30年後の日本で三種の神器となるのは何だろうか?」と探究させることが大切なのである。ここには正解は存在しないが、子どもたちは探究心が鍛えられ、正解の複数パターンを導き出す能力を身につけることになる。

しかし、学期ごとに行われる定期試験や進学に伴う過酷な受験戦争が根強い日本では、どうしても正解を早く出せたもの勝ちとなる。この弊害は「早く方法を教えてほしい」と欲する子どもが多くなることになり、物事を深く考えない子や先生の言うことは正しいと鵜呑みにする子が増えていくことになる。

探究学習という新しい授業スタイルは、まさにこのような子どもたちを育てないようにするための抜本的な教育改革となっている。

社会が求める人材像の変化に対応する探究学習塾

全国の高校約1000校へのアンケート調査『「総合的な学習時間」における探究学習の実施状況』によると、7割の学校で既に探究学習に取り組んでいる一方で、現場の教師たちが探究学習の指導に困惑している様子が浮き彫りになっている。なかでも難問は「課題の設定」だ。「当たり前って何だろう?」を探すのが苦手な国民性であるがゆえの、まさに課題のための課題になっている。

そこで近年、探究学習の民間企業が台頭している。定期試験対策の学習塾ではなく教育事業を営む団体で、ネーミングも風変わりなものが多く目立つ。例えば「こたえのない学

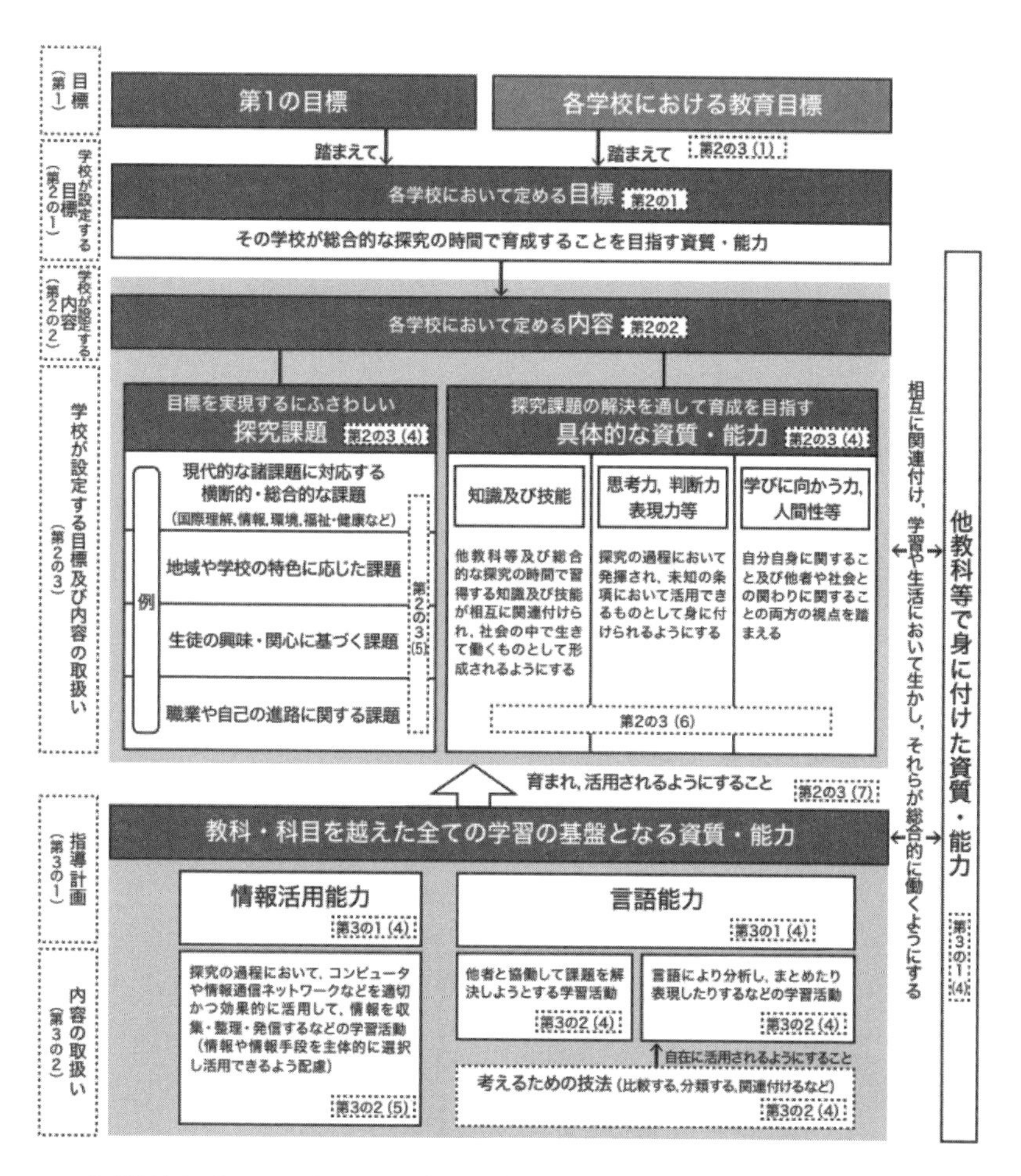

各学校において定める目標及び内容・探究学習の構造イメージ
（「総合的な探究の時間編」文部科学省より）

校」や「探究学舎」である。

一般社団法人こたえのない学校の代表理事藤原さと氏は「人生はだれかが『こうだ』と教えてくれるほど簡単なものではありません」と述べている。

探究学舎は公式サイトで「探究学舎は（中略）、いわゆる学習塾ではありません。成績アップも合格も目指していません。その代わり、子どもたちが『好きなこと』『やりたいこと』を見つけることができるように、『もっと知りたい！』『やってみたい！』という興味の種まき、ひとりひとりの探究心に火をつける、そんな興味開発型の学びの舎です」と宝槻泰伸代表は説明している。

こうした教育事業が人気になっている背景は、社会が求める人材像が変わってきているからに他ならない。最近では、就職活動で企業側が「多様性について」とか「ＳＤＧｓ」について意見を求めてくることが多い。企業の経営陣も多様化しており「会社の上司は外国人」となる日はすぐそこまできている。

なぜこのような探究学習塾が人気となり、教育現場においても生徒たちに探究させる力を必死になって身につけさせようとしているのか。さらに、なぜスポーツが探究学習の教材として適しているのか、日本経済の〝失われた30年〟を題材にして紐解いていこう。

アイデアで勝負する世界に取り残されたニッポン

１９８０年代初頭、日本の経済は絶頂期にあった。トヨタやホンダといった自動車産業や半導体企業、パナソニック、ソニー、ニコン、セイコーなどの高度な技術を必要とする製造業が日本の代名詞となった「モノづくり産業大国」である。

世界に認められ海外に輸出を急拡大させた我が国は、１９８９年版「世界時価総額ランキング」では、上位20社中14社が日本企業だった。ちなみに第1位はＮＴＴ、他は銀行や電力会社がランクイン。まさに「ジャパンアズナンバーワン」を謳歌していた時代だ。

スイスのビジネススクール、国際経営開発研究所（ＩＭＤ）の世界競争力ランキングによると、日本は１９８９年から92年までの４年間、アメリカを上回って１位を続けていたが、その後大きく順位を下げ、30年後の２０２２年版では過去最低の34位まで落ち込んでいる。２０２０年代以降の時価総額上位に入っている企業はＧＡＦＡＭと呼ばれるGoogle、Apple、Facebook（現メタ）、Amazon、そしてMicrosoft のような巨大ＩＴ企業が占めており、トップ20に日本企業は1社もランクインしていない。

トップだった頃の日本は、漁業や林業といった第一次産業から生産性の高い自動車産業や電気電子産業などの第二次産業へ労働力をシフトさせたことで、産業構造の変革が日本の高度成長を生み出し、世界競争力ランキングを算出しているIMDが重視する3点（①グローバル化、②ICT・情報通信技術化、③人材）は評価された。しかし、バブル経済が崩壊した後処理に追われた日本の経済界は、結果的にグローバル化した世界から取り残されてしまった。

現在の世界の産業構造は「情報サービス」だ。ひと言でいえば、アイデア勝負の時代に突入した。アイデアがビジネスの即効性で求められ、次々と人々の流行や欲求に対応していかなければならないのが情報サービス産業だ。モノづくりには自信があった日本ではあるが、創造力の勝負になると一気に競争力が落ちてしまった結果である。

ジグソーパズル型教育の限界

プロローグでも述べたが、我々の世代では「探究学習」のような〝先生の言っていることがすべて正解ではないからね〟という、実社会で生かされる実践的な教育は受けてきていない。

これまでは、先生が提示した「これが正解だ」ということに疑問を持ったり、真逆な発想から議論するスタイルが教育的に存在しなかった。先生の正解は生徒にとっての正解という考え方が、戦後の日本の学校教育では根強く残っている。

『10年後、君に仕事はあるのか?』(ダイヤモンド社刊)の著者であり教育改革実践家の藤原和博氏(元リクルート社フェロー)で2003年より5年間、都内では義務教育初の民間校長として杉並区立和田中学校の校長を務めた)が、日本の教育を「ジグソーパズル型学力とレゴ型学力」というわかりやすい比喩表現で説明している。

日本が戦後、学校教育によって生み出し続けてきたのは〝正解主義〟の「ジグソーパズル型学力」であった。ジグソーパズル型はいち早く仕事を仕上げる情報処理力の高い人材を指し、いわば〝正解ありきの教育〟が主流となる。

例えば、読み書きそろばんの基礎学力、掛け算の暗記が代表的な例だが、これらはすべて「頭の回転の速さ=処理能力」が育まれるもの。処理能力の高い人たちが、当時の日本経済を支えていた製造業を中心に、シグソーパズルを早く仕上げるような仕事を続けた。その大きなモチベーションは「欧米の経済に追いつけ追い越せ!」だった。

藤原氏が同書で「戦後の日本が国民総動員で完成させようとしたジグソーパズルの完成図は『アメリカ人のような豊かな生活』だった」と述べているように、日本の高度経済成長期の流れにジグソーパズル型学力の教育が驚くほどハマったのだ。

戦後、アメリカを絶対的な憧れの存在としていた日本人は「アメリカに追いつくぞ！」という一点で一億総国民が一致団結した。ある意味〝目指す場所がはっきりしていた〟ことが良かったのかもしれない。つまり、アメリカという国の生活スタイルが「正解」であり、敗戦後に日本を支配したＧＨＱ（連合国軍最高司令官総司令部）の占拠政策も大きく影響しており、アメリカから「これをやれ」という正解ありきの完成図を渡されて真面目に仕事するだけでよかった時代だ。

ジグソーパズルから「レゴ型学力」の時代へ

ジグソーパズルが上手な人材は、いわゆる「万能型」と位置付けられたが、ジグソーパズル型人材には不得意な点があると藤原氏は指摘している。

それは「途中でやり方を修正すること」。それに、完成図そのもの、つまりは『世界観』を自ら生み出すこと」であり、ジグソーパズル型の対義語として同書では「レゴ型学力」の人材がこれからの時代は必要となると唱えている。

読者の方も一度は遊んだことがあると思うが、大人から子どもまで楽しめるオモチャとして不動の人気を誇る「レゴ」は、組み合わせ次第では何通りもの完成形になる。完成図に正解はなく、レゴは出来上がったカタチがすべてその人にとっての「正解」となるオモチャだ。藤原氏は「レゴ型学力」の必要性について、こう述べている。

「世界観を作り出すというのは、正解のない問題を解決しようとするときの構想力につながります。問題解決力の根幹をなすものです。また、適切な目標を設定したりビジョンを提示する力でもあります」

ちなみに、デンマークに本社を置くレゴ社はあえて「完成形を家に飾って放置しないでください」というメッセージを強調している。レゴは遊び方次第では繰り返し子どもたちの創造力を膨らますことができる。彼らにとってはそれが楽しいひと時だ。子どもの探究心を奪わないように、レゴでありがちな〝パッケージの完成イメージ〟を正解と捉えるのではなく、むしろパッケージ写真とはまったく違う形に作り上げたときに褒めてあげるのが最善なのかもしれない。

世界の主流「情報サービス産業」に乗り遅れた理由

藤原氏と同様に教育改革の専門家である立命館アジア太平洋大学（APU）学長の出口治明氏（定年後にライフネット生命社を創業した実業家でもある）も指摘している。

アップル社創業者のスティーブ・ジョブズなどアメリカの情報サービス産業がグローバル経済を主導するリーダーたちとなった実例をあげ、日本が戦後から刷新しきれなかった正解主義教育の弊害で「人と違うことを考える能力」や「新しいアイデアを生み出す力」が鍛えられないまま世界の産業構造の変化に乗り遅れたことは、我が国の教育システムに問題があったと述べている。

ちなみに、製造業に必要なのは「土地と資本と労働力」だといわれる。日本は高度成長期から急激に人口も増え、工業団地と呼ばれる横ではなく〝上（縦）に積み上げる住宅地〟が急増し、資本を集めて機械設備が工場に揃って大量の人手を用意して経済大国に登りつめた。

また、製造業で重要な工場は第一次産業のように天候や日照時間に影響を受けることがないため、「人手不足」とは無縁な国となる。そのため24時間体制を整えてフル回転操業によって〝企業戦士〟を次々に育成することができたのである。

APU学長の出口氏は、多くの自著でこの当時の働き方を「工場モデル」と名付けており、インターネットやクラウド、人工知能（AI）の普及に乗り遅れた原因は教育現場や企業の働き方が工場モデルを引っ張りすぎたからだと分析している。

GAFAMのようなIT企業が牽引する現代のサービス産業は、アップル商品やスマホのサービスを思い起こせばわかるとおり「アイデア勝負」の時代。日本企業もアップル製品のようなパソコンや携帯を技術的に作れない国ではなかったことは想像に難くない。しかしながら、人々の生活スタイルを創出するアイデアを生み出せなかった。ただひたすら工場モデルの働き方（長時間労働）に耐えられる人材を育成し続け、正解主義教育から脱却できず、肝心の「思考力＝常識を疑う力＝創造力」を育むことができなかったことが日本経済を停滞させた大きな原因になったと断言している。

日本人の「勤勉さ」「真面目さ」が生んだブラック部活

出口治明氏は定年後に直販型ネット生命保険会社「ライフネット生命」を創業した人物で有名だが、日本が〝自分の頭で考える〟ことを軽視していた時代のことを自著『知的生産術』（日本実業出版社刊）でこう述べている。

「工場モデルでは、独自の意見を述べる人材はともすれば疎んじられます。『何の疑問も持たずに、与えられた仕事を黙々とこなす人材』『従順で、素直で、協調性の高い人材』が重宝されました。終戦後の復興にむけてアメリカというゴールを目指して突き進んできた日本は、いわば『ルートの見えている登山』を行なっていましたから、考えなくても前の人についていけば、頂上まで道に迷うことはなかったのです。極論を言えば、当時の社会や企業にとって『自分の頭で考える人』は必要ありませんでした。『ベルトコンベアの前で、長時間の単純作業を繰り返すことに、何の意味があるのか』などといった疑問を抱かず、黙って、言われたことだけをやり続けてくれる人のほうが、都合がよかったのです」と論じている。

この工場モデルの働き方は運動部活動にも大きく影響していることを忘れてはいけない。「ブラック部活」だ。休みがなく1年中練習している中学生や高校生たち。そして指導する教員たち等の異常な勤務状態は、ブラック部活と社会が呼び始めてから久しい。

日本人といえば「勤勉さ」「真面目さ」が良き時代の国民性を表現する言葉であったが、日本経済の〝失われた30年〟の間にはパワハラ、セクハラ、いじめ、体罰、そして過労死といった社会問題のキーワードが続々と出現してきている。もはや日本人の良さであった勤勉さや真面目さが副作用となってしまったのか、そう感じてしまうほど新しいブラックなワードが世に出てきた。ちなみに日本の過労死については海外メディアで〝karoshi〟と報道されており、既にオックスフォード英語辞典にも掲載されているほどだ。

日本経済の停滞は工場モデルの長時間労働といわれているが、企業側の問題だけではない。部活も同様で、学校等のスポーツ現場で起きているブラック部活というのは労働生産性が上がらない人材を大量に生産しており、これもスポーツの探究教育の必要性と大いに関係している。

図表のOECD加盟諸国の労働生産性国際比較を見れば日本が平均以下であること、またスポーツ先進諸国は日本よりも労働生産性が高いことがよくわかる。

OECD加盟諸国の労働生産性
（2021年・就業者1人当たり／38カ所比較）

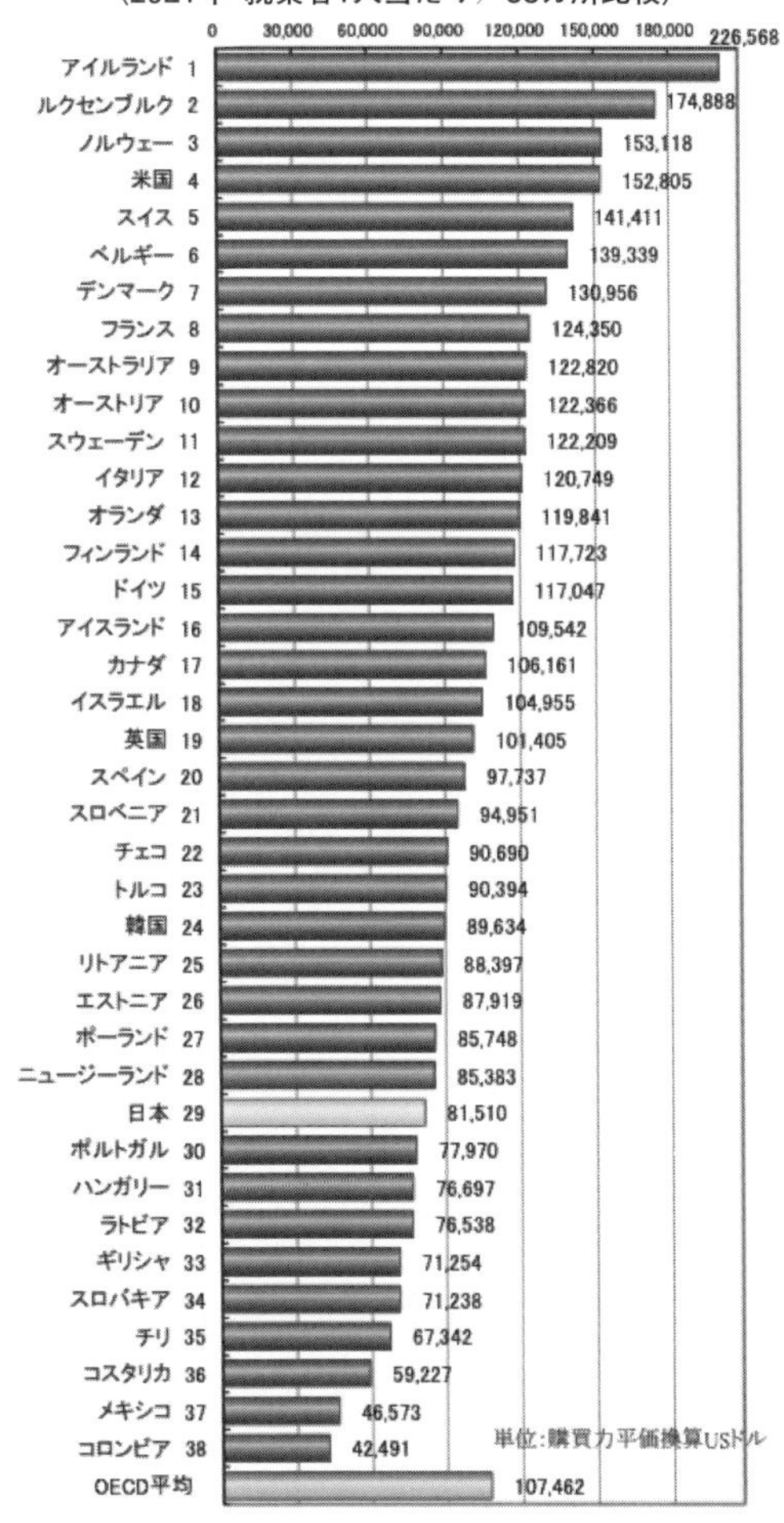

（出典　日本生産性本部「労働生産性の国際比較 2021」）

スポーツを探究すると見えてくるものとは

今世紀に入ってからブラック部活をめぐる事案は目立つようになり、社会問題化している。教育現場である学校の運動部活動に目を向けると、指導者による生徒への「体罰」「長時間練習の強制」や部活動内の「いじめ」がいまだにニュースで報じられることが少なくない。これらは、新型コロナウイルスのパンデミック中でも途絶えることなく、ニュース等で報道されていたことは周知のとおりである。

そこで重要になってくるのが〝スポーツを探究する〟ことである。「なぜだろう?」「どうしてそうなるのだろう?」といった疑問を起こさせて、考え続けさせることが重要だ。考える、ではなく〝考え続ける〟ことで探究心は鍛えられる。

これまでの日本の教育スタイルは、子どもたちが自ら考える時間や、考え続けて導き出した答えをじっくり議論したりする機会を与えられてこなかった。特に、我々の時代の歴史科目はその典型で、ひたすら史実や年号を暗記する学習だった。

例えば、日本で現在起きているスポーツ界のブラックな出来事を海外の事例から探究してみるとどうなるか。まずは、日本の部活動等で起きている事実を詳細に調べた上で「海外では日本のような部活動問題がまったくないのだろうか？」と大局的に考えさせてみる。そうすると、アメリカでもイギリスでも過去には「体罰」や「いじめ」は存在していたことがわかる。

日本で起きている部活問題は海外でも存在した

アメリカの大学スポーツでは、アメリカンフットボール（アメフト）が群を抜いて国民の人気スポーツとなっており、20世紀初頭には試合中の衝突などによる負傷や死亡事故が多発した史実が残っている。これに対し、抜本的な改革を必要としたアメリカ社会は当時のルーズベルト大統領による指令の下、現在のＮＣＡＡ（全米大学体育協会）を誕生させた。ＮＣＡＡ設立後は、すべての大学で練習時間の規制、学業成績の管理（基準値となる成績が下回った学生アスリートは公式戦出場停止）等の厳格なルールを作り、アメリカ国内においてスポーツの社会的価値が復活している。

また、日本でも最近話題になっている部活動の地域移行問題についてもアメリカでは同様の問題を抱えている。指導者の数の確保、選手たちの育成法を改善して学校の部活動を地域へ移行させていくべきだという議論が実はアメリカでも行われていることがわかってくる。

100年も前の話になるが、イギリスでは日本人に馴染みのある「体育会系文化」が存在していた。上下関係が厳しく、上級生の言うことは絶対であるという風習はイギリスの階級社会の影響に起因する。つまり〝体育会系〟は日本独自の文化ではないことに気づく。

イギリスの学校教育を支えたパブリック・スクールは、上流階級と呼ばれる貴族の子弟教育を主目的としていた。ここでの生活は全寮制で、厳しいルールの中で下級生たちが生活を強いられる〝上意下達制度〟だったため、力の弱い下級生を支配する弱肉強食の論理が大手を振ってまかり通っており、上級生は下級生を相手に日常的にいじめや乱暴な悪ふざけを行っていた。サッカーはこの上級生たちがいじめの目的を達成するために使われた手段（例えばタッチライン上に並んで何十人もの人間ブロックを築き上げること）だったと、英フットボール史に記録されている。

アイデアを考える「時間の確保」が喫緊の課題

我が国では子どもたちの体力・運動能力が低下していることも社会問題となっている。
令和時代に突入しても、スポーツ庁が発表する子どもたちの体力・運動能力は過去最低記録となってしまい、現在公表している目標値は昭和60年代の記録に遡るという驚きの状態だ。特に男子の低下状態は厳しく、なかでも小学生、中学生の「走る能力」「投げる能力」等が向上していないことが問題視されている。

日本と海外では何が違うのか。海外で取り沙汰されるスポーツの政策的な問題点は同じなのか。海外では盛んに研究が行われているが、日本では存在しない先行研究とは何か。その答えが本書の主題となる「マルチスポーツ」というキーワードだ。

日本人には盲点となっている「複数のスポーツを経験させる＝マルチスポーツ」は、これまでに具体的な政策提言がまったくなかったため、我が国では議論すらされていない。マルチスポーツと検索しても論文の先行研究レビューもできなければ、ネット上でマルチスポーツの定義すら出てこなかった。

一方、海外では数えきれないほどの文献が存在している。複数のスポーツを幼少期から意図的にさせるメリットは「燃え尽き症候群の予防」「怪我の予防」「競技力応用の転移スキルの向上」といった研究成果が発表されていたり、チームや各種競技の協会、連盟組織のダイバーシティマネジメント・多様性（複数の競技経験者）のある組織づくり等の必要性について議論が盛んに行われているのだ。

イングランドサッカー協会では、代表チームを強化するプロジェクトメンバーに門外漢の陸軍女性士官や元ラグビーイングランド代表監督、元ロンドン五輪男子卓球代表選手、IT企業経営者、投資家などを多く招集している。

マルチスポーツは「するスポーツ」の面だけの研究ではなく、前述のように経営学の視点から研究されることが多い。「支えるスポーツ」という視点では、その競技の価値向上に尽力を注ぎ、卓越したマネジメント力が求められるが、そのような人材は多様性を単なる男女差別等の表面的な〝数合わせ〟で実行するのではなく、画一的で凋落する組織を作らないマルチスポーツの視点で問題を解決する組織をマネジメントしている。

このように「調べてみる」という学習時間はとても重要だ。歴史の学び方も、スポーツを題材にすれば時代背景や異文化理解への興味や関心が高まり、より深化するはずだ。

探究心がもたらす効果は特定の対象だけでなく、学力向上や思考力強化にもつながるため「考える機会を与え続ける」ことが重要となる。

また、考え続けさせるという点では、日本の工場モデルがベースとなる人材育成では効果が期待できない。世界の産業構造が情報サービス産業となっている「アイデア勝負」の時代に、日本で抜本的な改革が必要とされるのは「アイデアを考える時間の確保」である。労働生産性が著しく低い我が国では、子どもたちに探究させるための調べる時間や、複数の正解パターンをディスカッションする時間を意図的に増やさなければならない。

第2章

いまマルチスポーツを探究する理由

▼グローバルスタンダードに学ぶ日本の非常識

1

日本は世界とどう戦っていくべきか考えてみよう

東京五輪の広報業務に携わって痛感したこと

２０５の国と地域から1万１０９２人が参加した東京２０２０オリンピック競技大会（第32回オリンピック競技大会）は２０２１年7月23日に開幕し、８月８日に閉幕した。史上最多の33競技３３９種目で多くの記録が生まれ、新競技のパフォーマンスが披露された。アスリートたちが繰り広げた数々の熱闘シーンやメダルを超えた思いやりの光景は、観る者に感動をもたらした一方、新型コロナウイルスの新規感染者数は首都圏を中心として全国に急拡大し、まさに〝パラレルワールド〟の様相を呈した大会でもあった。

私は東京２０２０大会五輪組織委員会から依頼を受け、ベニュー（競技開催会場）の広報責任者、ベニュー・メディア・マネージャー（ＶＭＭ）として東京スタジアムで開催される全競技（サッカー、ラグビー、近代五種）における数千人規模に及ぶ海外メディアへの対応業務を担当した。

この大会は新型コロナウイルスの感染拡大による五輪史上初の延期となり、一年遅れの２０２１年に開催されたが、ほとんどの試合会場が異例の無観客試合となった。むろん、広報担当者には有観客や無観客にかかわらず目まぐるしいほど多忙な業務が課せられていた。

東京五輪で行われた記者会見。サッカー日本代表の森保監督（中央）吉田選手（右）と著者（左）

ＡＰ通信やロイター、ＡＦＰ、中国新華社、ゲッティーの他、各競技団体推薦の海外メディア陣が多数訪れ、記者会見もすべて英語で行われた。サッカー日本代表の森保一監督と吉田麻也選手、遠藤航選手らが登壇した会見も英語で進行され、実際に携わってみると、改めて五輪は世界中の選手たちが集まって開催されるインターナショナルな競技大会だと感じたものだ。そう感じさせた大きな要因は各国代表選手たちの英語力だ。

日本人が海外のスポーツ事情を知らない理由

メディアが選手を直接インタビューできるエリアを「ミックスゾーン」と呼ぶが、各会場で設置する動線づくりもVMMの重要な仕事である。東京五輪はコロナ禍での取材エリアとなったため、ソーシャルディスタンスの確保やメディアと選手の交錯を避けるための工夫等に苦労した。

そんなミックスゾーンで、海外メディアは自国選手以外の選手たちにも積極的に取材し、勝者に限らず敗者に対しても聞き出す質問内容は想像をはるかに超えていた。

例えば、ラグビーでは競技レベルが発展途上の中国やフランス（女子の7人制に限る）の代表選手たちが長足の進歩を見せる一方、日本代表は残念ながら男子も女子もリオ五輪に及ばない戦績で終わった。こうした状況の中、スポーツメディアが伝えるべき点は「なぜ、急に中国（あるいはフランスの女子チーム）が強くなったのか?」ということだろう。しかし、日本メディアは「なぜ勝てなかったのか?」など惨敗した理由を日本代表チームから聞くだけに終始し、歴史的快挙の勝利を遂げた他国選手たちの生の声を積極的に取材しているのはいつも外国人メディアばかりだった。ここにも日本人の英語力が影響している。

つまり、我々日本人が極端に海外のスポーツ事情を知らない理由はここに起因すると考えている。東京五輪のような大舞台で、日本のメディアが英語で他国の勝者たちにじっくり取材している様子はほとんど見かけない。日本代表の監督とキャプテンを取材して、終わったらすぐに会場を去る日本人取材班が多く見受けられた。これでは、世界のトップアスリートに誰よりも簡単にアクセスできる権限を持っているメディアの意味がない。世界のスポーツ事情がまったくお茶の間には届かずに、日本スポーツ界のグローバル化が進まない原因を目の当たりにした思いだった。

メダル獲得決定直後にミックスゾーンで熱心に情報を収集するのは海外メディアばかり

競技経験から勝因を探る海外取材陣の深慮

東京五輪の仕事を通じて、もう一つ大きな発見があった。それは、海外メディアが一様にマルチスポーツの観点から選手たちに勝因を探る取材をしていたからだ。

「これまでどのような練習を行っていたのか?」「幼少

期からどんなスポーツを経験してきたのか?」など、取材班の自国代表チーム以外の選手たちにも興味深い質問をよくしている。特に、強く感じたのは女子ラグビーでの囲み取材の内容だ。

中国代表は歴史的勝利を収めた後に、ラグビーが盛んな国々のメディアからの取材に対し「ラグビー以外にホッケーや自転車競技をやっていた」と回答していた。この囲み取材に日本人取材陣はゼロ。本来であれば、ここの情報を得ることが日本ラグビー界全体の発展につながり、7人制ラグビーの代表強化計画に最も日本が参考にすべきことだったのではないかと思う。

金メダルを獲得したラグビー強豪国ニュージーランド代表の広報担当に聞くと、ほとんどの選手がラグビー以外のスポーツを積極的にトレーニングで取り入れ、リシ・プーリ・レーン選手のように3つの競技で国内トップレベルの選手が多数いるという。中国代表が健闘したことに興味を持った豪州のAP通信記者は「彼女たちはラグビーだけではなく、他の競技経験を多く持っている選手たちだった」と話してくれた。

日本人が今後国際大会で活躍するには、強い他国代表選手たちの情報を収集して、次世代を担う子どもたちに新しいスポーツの価値観、特にマルチスポーツという考え方を伝えることの重要性を痛感したものである。

五輪メダル獲得ランキングを人口比で見てみると

東京五輪閉幕後、我が国のメディアは国民に対して一斉に「五輪史上最多のメダル数を獲得した！」と報じた。

メダル獲得数世界一のアメリカは、金メダル39個を含むメダル総数113個でトップ。日本は史上最多のメダル獲得数58個で世界第3位となった。そのため、コロナ禍で国民の半数以上は五輪開催をあれほど猛反対していたにもかかわらず、いざ大会が終わってしまえば「メダルもたくさん獲れたし、開催してよかった」という雰囲気になっていた。しかし、この「史上最多のメダル数獲得」という事実は、日本スポーツ界が本当の意味で成長していくための情報としては不十分であると考えたほうがいいだろう。

実は自国のメダル獲得数を大々的に報じて喜びを分かち合っているのは日本くらいで、他国の海外メディアは、国の人口規模で比較した獲得順位を指標にしている。五輪のメダル獲得事情は「その国の人口と収入レベルと政治体制で総合的に成果を評価する」のがグローバル・スタンダードだ。

国の人口比で換算することが大切な理由は、競技人口が多いほど優れた選手が出る確率が高くなるからだ。しかし、日本人は〝探究すること〟をそもそも得意とする国民性ではないため、このような海外の常識を知らぬままに表面的な一部の情報を鵜呑みにしてしまう。例えば、イギリス大手メディアのＢＢＣは国の人口１００万人当たりのメダル獲得数を比べて、東京五輪のメダル獲得ランキングを報じている。ＢＢＣの数え方でいくと、人口わずか3万３０００人超の欧州の小国サンマリノが、獲得したメダルはわずか3個でも、ランキング１位ということになる。一方のアメリカは、この尺度では20位以内にも入らず60位になっている。

このような評価指数でイギリスが報じるのは東京五輪だけではなく、２０１２年のロンドン五輪で中国にイギリスがメダル獲得数で上回ったときも同様だった。一方、14億人もの人口を誇る中国は「イギリスに惨敗だった」という結果を、競技人口等の計算によってメディアが報じている。

一つの事象も見方を変えると思わぬものが見えてくる

東京五輪でメダル獲得数世界一に輝いたアメリカの人口は約3億３０００万人、そして第2位の中国は約14億人。第３位に浮上した日本は果たしてこの２つの国を競争相手と見なし、スポーツの政策的参考対象国にしていいのだろうか。まずは前出の人口対比で算出してみよう。

アメリカと日本（約1億2500万人）の人口対比率は2・64倍で、中国は11・2倍だ。日本の人口対比で算出した五輪メダル数は、まずアメリカのメダル数113個は43個、中国の88個は8個という計算になる。とすれば、実は東京五輪でアメリカと中国は確かにメダル獲得数世界トップツーではあるが、人口対比計算だと日本の58個よりも下回る数字が見えてくる。同じ人口対比計算で日本と前大会のリオ五輪を比較すると、アメリカは121個のメダルを獲得したので46個の計算となり、日本の41個とさほど変わらないこともわかる。

他方、日本の58個に倍以上の差をつけて人口調整メダル数で目立っているのはイギリス、オーストラリア、オランダ、ニュージーランドといった国々だ。イギリスは獲得数ランキングでは東京五輪で第4位（65個）だが、人口は約6700万人で日本の約54％にすぎない。人口対比計算をすると121個という結果になる。

イギリスの121個で驚いてはいけない。同様の計算でオーストラリアは230個、オランダは265個になる。特筆すべきはニュージーランドだ。日本の人口に対してたったの4％程度に過ぎない南半球の小島国はなんと480個になる。

ニュージーランドが実際に東京五輪で獲得したメダル数は20個だったが、人口約520万人しかいない国（東京都の人口約1200万人の半分にも達していない）で、11競技もの種目【ラグビー（金1個、銀1個）、テニス（銅1個）、ゴルフ（銅1個）、カヌー（金3個）、自転車（銀2個）、セーリング（銀1個）、トライアスロン（銅1個）、トランポリン（銅1個）、ボート（金3個、銀2個）、ボクシング（銅1個）、陸上（銅2個）】で幅広くメダルを獲得したことに日本人はもっと注目すべきだろう。

この計算でいくと、日本は先進国の中で最低レベルになってしまった。このように、見方を変えると今まで当たり前だと思っていたものが意外な結果をもたらすこともあるので、一つの指標を鵜呑みにせず、疑問を持って探究することをお勧めする。

日本軍敗戦が示唆する戦略・戦術の重要性

「世界と戦う日本」という点で東京五輪の顚末を探究すると、我が国のスポーツは太平洋戦争で日本軍が惨敗したときと重なり合って〝日本が失敗するときの共通点〟が浮き彫りになってくる。

1984年刊行の『失敗の本質～日本軍の組織論的研究～』（戸部良一他著／ダイヤモ

ンド社刊）が描く組織論は、日本スポーツ界も学ぶべき教訓が多く記されている。同書では日本軍が米軍に惨敗した理由として「戦略がなかったこと」があげられている。

さらに〝戦略性〟について「戦略とは目標達成につながる勝利を選ぶこと」と表現されており、敗戦した日本軍は目標達成につながらない、無意味な目先の勝利に走ったと鋭く喝破する。例えば、太平洋に浮かぶ25の島の奪い合いを繰り広げたこの戦争において、日本軍は17もの島を占拠したが、米軍は戦略的に8の島だけを占拠して太平洋の覇権を獲得した背景を論理的に分析している。

スポーツ組織にも同様のことがいえる。スポーツをする子どもたち、指導する大人、その親たちはそれぞれ目標を持っているが、目標を達成させるために必要な〝戦略〟と〝戦術〟が乖離していることが多い。

同書が提唱する戦略を要約すると、戦争に勝つという大きな目標があるならば、それに向かって成功させる戦略・戦術が重要であり、掲げた目標と、現場で実行する戦術が成果につながっていなければならないということだ。

米軍が合理的で的確な戦略を描くのに対し、日本軍は個人の技術や鍛錬という練成度を高める方針を貫く。この練磨の文化そのものは、日本独特の精強さを放つ要素ではあった（事実、日本は17もの島を支配できた）。一方、米軍は戦略的に占拠した8つの島を拠点に「夜間視力が高くなくても撃墜できるレーダー・電波塔の開発」や「命中精度が低くても威力のある砲弾の開発」「技能が低いパイロットでも操縦できる飛行機の開発」という戦術に取り組んでいた。

日本軍は占拠する島数にこだわり続け「夜間等でも戦闘における達人」を目指し、超人的な猛特訓・練磨で養成された兵士づくりに注力していく。

この事象はアスリート育成にも大いに参考になる。日本はアスリートの達人的特殊能力やストイックな鍛錬でメダル獲得を増やそうとするのではなく、メディアは戦略や戦術について深く取材して、現場の有益な情報を世に伝えていかなくてはならない。

日本のスポーツ界では「ほぼ毎日練習する」ことが美徳とされ続け、戦時中の日本軍と変わらないやり方（戦術）をいまだにやっていることが多いが、アメリカでは早くから医学や科学的根拠に基づいたスポーツ指導法を教育現場に落とし込んでいる。

もちろん、マルチスポーツもその根拠から現場に落とし込まれたものである。

「シングル・ループ学習」に陥る日本スポーツ界

シングル・ループ学習とは、日本軍の敗戦に例えると「練習量が足りないから負けている。もっと暗闇の中でも戦えるように練習して慣れろ」である。80年前の惨敗の教訓が日本スポーツ界ではまだ生かされていない。

米軍の構造はダブル・ループというもので「想定した目標と現場で起きている現状に問題はないか」と常に探究させるフィードバック方式だ。これは、現場の情報や意見を無視した〝会議室組〟と呼ばれる超上層部だけで意思決定を行っていた日本軍とは真逆な発想である。会議室で議論される人間だけの感覚を優先し、常に現場へ無謀な指令ばかり繰り返し行っていた日本軍は時代や環境が変化しても同じ行動を取り続け、優位性を失ってしまっていたのだ。

太平洋戦争開戦以来、連戦連勝だった日本軍が敗北を喫し、米軍との攻守が大逆転されるきっかけとなった「ガダルカナル作戦の失敗」を代表例としてもわかるように、日本軍は戦場での一大勝利ばかりを求め、「兵士たちの体力・健康・メンタル面は無視」「戦闘機の機体コンディションは無視」で、基地から1000キロ以上離れた（戦闘機で片道約5時間）ガダルカナル島への攻撃を命じた。結果、日本兵の死者約2万人のうち、1万5000人は戦闘ではなく病気と飢えで命を落としたのだった。

話をスポーツに戻すと、日本はいまだにこの〝失敗の本質〟が何だったのか、その教訓が生かされていない。ITや科学技術全般がこれほどまでに発展した現代社会でも、日本でのスポーツは一部で「ブラック」などと称され、シングル・ループのままさまざまな不祥事が繰り返されている。失敗したときの原因を徹底的に究明せず、現場で起きている正しい情報が国民にまったく届いていないため、いつまでも「次は何とかなるだろう。頑張るだけだ」という意味のない目先の勝利だけを追い続けてしまう。

子どもたちが積極的にスポーツに取り組み、本当の意味でスポーツを楽しむその先にある世界を見据えていくためには、親やスポーツ指導者からの強制的な一方通行ではなく、子どもたちの意見を交えた戦術を立案していける体制づくりを目指すことが最優先だろう。

東京五輪の仕事を通じて私がみたものは、まさに海外メディアのやり方はダブル・ループ学習そのものであった。

マルチスポーツを科学することは、何十年も前から政策的に実行している欧米諸国と比較すると日本は追いつかないくらい周回遅れではあるが、子どもたちと一つずつ探究しながら受け入れていくしかないのではないかと思う。

2　スポーツに関する常識を海外と比べて考えてみよう

海外の部活は季節ごとに競技を変えられる「シーズン制」

既述したように、海外では学校の部活動はシーズン制で行われている。スポーツが盛んな諸外国では学校の運動部活動はほぼシーズン制であると断言していいくらいだ。

欧州の中ではドイツのように学校教育の中で部活動をやるシステムがない国もあるが、彼らは学校ではなく地域にあるスポーツクラブに所属して（クラブの会員になって）季節ごとに競技を変えてスポーツを楽しんでいる。

次頁の表1のように同じシーズン制でもアメリカの場合は一年間で3つの季節に分けて各種スポーツチームが活動しているのがわかる。また、南半球でスポーツが盛んなオーストラリアやニュージーランドでは表2のとおり、夏と冬の2つに大きく分けている。

表1：アメリカの場合
アメリカのシーズン制部活動の種目別一覧（Hudson High SchoolのHPより）

Fall Season（秋シーズン）
アメリカンフットボール ゴルフ 陸上ホッケー サッカー テニス（女子） クロスカントリー チアリーディング
Winter Season（冬シーズン）
バスケットボール アイスホッケー 器械体操 競泳 レスリング ボーリング 陸上競技（室内）
Spring Season（春シーズン）
野球 ソフトボール ラクロス ラグビー 陸上競技 バレーボール テニス（男子）

表2：ニュージーランドの場合
ニュージーランドのシーズン制部活動の種目別一覧（Burnside High SchoolのHPより）

Summer Season（夏シーズン）	
陸上競技 クリケット フットサル 競泳 テニス バレーボール サーフィン 水球	ネットボール ソフトボール カヌーポロ フロアボール コーフボール ローンボウルズ ボート競技 タッチラグビー
Winter Season（冬シーズン）	
バドミントン バスケットボール クロスカントリー 自転車 サッカー 陸上ホッケー ネットボール（※屋外）	ラグビー スカッシュ 卓球 器械体操 スキー スノーボード 水中ホッケー

「入ったら卒業するまで」の日本の部活動

日本でマルチスポーツという考え方が存在しなかったのは、海外のようなシーズン制というシステムがないことに加えて、子どもたちがチームに所属する期間も違うことがあげられる。

海外では、基本的に1シーズン契約でチームは解散し、次年度のチームメンバーは改めて希望者を募り1年ごとに登録する（特に人気スポーツの競技は選考会を実施して人数制限を行う）。1年ごととはいえ、実質はシーズン制になっているため1年を通じて活動することはない。日本の学校のように「入ったら卒業するまで一つの競技を続けるもの」という部活動文化がそもそも存在しない。

アメリカのオハイオ州にあるハドソン高校サッカー部の活動スケジュールを例にあげると、リーグ戦が8月末からスタートして、District（近郊地区大会）を勝ち抜けばRegional（広範囲の地域・地方大会）へ進み、最後は11月に開催されるState Final（州のナンバーワンを決める大会）となっている。負けなしのチームで州の優勝校になっても1シーズンの活動期間は実質4ヵ月もないことがわかる。ちなみに、シーズン制は高校まではなく大学まで続いている。では、シーズン制を導入している国々では具体的にどのような選手が育っているのだろうか。

2018年6月、カイラー・マレー選手（当時オクラホマ大学3年生）がアメリカのプロ野球メジャーリーグ（以下MLB）オークランド・アスレチックスからドラフト1位指名を受けた。マレーは同大野球部の主力選手として活躍した3割バッターである。

翌年の4月、アメリカで人気ナンバーワンスポーツ「アメフト」のドラフトが開催され、NFLのアリゾナ・カージナルスがドラフト1位指名した選手もカイラー・マレーだった。日本で例えると人気スポーツのプロ野球とJリーグの両方からオファーがきたようなものだが、マルチスポーツの概念がない日本人の感覚では理解しがたいかもしれない。

もう一つわかりやすい例をあげると、世界的に有名なプロバスケ選手のマイケル・ジョーダンもプロバスケNBAとMLB（契約はシカゴ・ホワイトソックスだったが、ジョーダンがプレーできたのはメジャーのホワイトソックス傘下のマイナーリーグ2Aバーミングハム・バロンズのみ）の両方でプレーしている。

ニュージーランドといえばラグビー王国として有名で、今では日本人もオールブラックス（ラグビーのニュージーランド代表チームの愛称）を知らない人はほとんどいない。アメリカのカイラー・マレー同様に、オールブラックスの超有名選手ジェフ・ウィルソンは同国の人気スポーツである「クリケット」の代表選手としても活躍した。国内外でラグビーとクリケットで活躍したが、実は高校時代にはバスケットボール部にも所属しており、全国大会で活躍した記録を持っている。

マレーのように、国内の人気プロスポーツリーグであるMLBとNFLの両方からドラフト1位になった例は珍しいが、基本的にはプロ野球選手になろうが、プロアメフト選手になろうが、彼らは「何の競技でもできるよ」と話す人が多い。

ラグビーからNBAに転身したS・アダムズ選手

NBAといえば、アメリカで莫大な金を稼げるプロバスケットボールリーグだ。2019/20シーズンにおけるNBA選手の平均年俸は、一人当たり約9億円。これはもちろん、全世界のスポーツにおいて最も高額なサラリーを稼げるプロスポーツリーグとなっている。

ニュージーランド人のスティーブン・アダムズ（2021/22シーズンはメンフィス・グリズリーズ所属）は、（2019/20シーズンに）オクラホマシティ・サンダーと年俸約30億円の契約を締結したスター選手であるが、バスケを始めたのは14歳の頃だという。それまでは、ニュージーランド人らしく、オールブラックスの選手を目指して本格的にラグビーをやっていた。アダムズは、その後２０２０／２１シーズンに約33億円という破格な契約でニューオーリンズ・ペリカンズに移籍して、ＮＢＡポジション別年俸ランキング・センター部門で全米1位（全体24位）となっている。

アダムズは、ニュージーランドのベイ・オブ・プレンティ・ロトルア地方にある郊外のロトルア・レイクス高校出身だ。ロトルアは有名な観光地ではあるが、人口はわずか7万人で決して大きな都市とはいえない（日本人ＮＢＡ選手の八村塁は富山県富山市出身で、同市の人口は約41万人）。ラグビーのオールブラックス選手たちは小さな田舎町出身者が多いといわれているが、アダムズも1学年１５０人程度の男女共学公立校でラグビーをやり、14歳からバスケを始めている。一つの競技がダメでも「他のことに挑戦すればいいんだ」という気持ちが大事である。

マレーもウィルソンも、いわゆる「超運動神経が良い人だからできたことだ」と言ってしまえばそれまでだが、着目すべきは彼らが年がら年中同じスポーツをやっていないことだ。シーズン制によって、彼らは各種目の競技性を活かした「クロストレーニング」と呼ばれる競技の掛け算をやっていることが育成年代において重要な考え方となっている。

例えば、アメフトという競技は「走る」「投げる」などの基本的な動作が野球と類似している。「投げる」という点ではアメフトボールを投げることも、野球のボールを投げることも共通するスキルが多く存在している。大坂なおみ選手らプロテニスプレーヤーたちがアメフトボールなどを用いて試合前に投げているのは、サーブのときに重要な手首の「内転運動」をトレーニングするためだ。この理論から考えれば、決してテニスだけではなくバドミントンも野球もアメフトも連動している。

元女子サッカーのアメリカ代表キャプテンとして活躍したアビー・ワンバックは、同国代表で積み重ねた国際Aマッチ通算最多得点記録「184ゴール（男女サッカーを通して世界一）」を持つが、高校時代はサッカーよりも「バスケのワンバック」として全米でも有名だった。ワンバックの実績からもわかるように、アメリカではサッカーは秋シーズンで、バスケが冬に行われるため、このようなマルチスポーツアスリートが生まれやすい。

ニュージーランドやオーストラリアといった南半球の国々でも同様である。アメリカのように3つの季節ではなく2シーズン制（夏と冬）となっている環境で、夏はクリケットやテニスをやる子が多く、冬に国技のラグビーやサッカーをやる子がたくさんいる。こういったシーズン制のシステムによって、ウィルソンのようなマルチスポーツアスリートが育ってきた。中学生世代はもちろん、海外では高校生までに将来自分がどのスポーツに絞るか、良い意味で決まらない子どもは多い。

日本人にも多いマルチスポーツ選手

日本ではこれまで複数のスポーツをやることが文化的にまったく定着していなかったのか、というと実はそうでもない。元プロ野球選手で誰もが知る松井秀喜氏は小学生時代に柔道をやっていて、石川県の強化指定選手に選ばれている。大谷翔平選手は親の影響でバドミントンに打ち込んでいた。テニスの錦織圭選手は小学校6年間、ずっとサッカーをやっている。2019年の全英女子オープンで日本人女子として42年ぶりにメジャー優勝を飾った渋野日向子選手は中学で軟式野球部に入るくらい小学生の時はソフトボールを楽しんでいる。ちなみに渋野選手のゴルフは右打ちだが、ゴルフと同時並行で小学校2年から始めたソフトボールはバランスを鍛えるために左打ちに変えている。莫大な年収を稼ぐアメリカのプロスポーツ選手たちは日本人にとっても憧れの的だが、彼らのようにバスケやテニス、ゴルフにも、数えきれないほどの日本人アスリートたちがアメリカで活躍している。

アメリカのプロスポーツ選手は、NCAAと呼ばれる全米大学体育協会が主催するリーグ戦でプレーした経験を持つものが多い。つまり、ほとんどの選手たちはNCAAからプロリーグNFL（アメフト）、MLB（野球）、NBA（バスケ）といった超人気プロスポーツへ大学卒業後に入団する。NCAAのリーグ戦はプロを凌ぐほどに注目度が高く、10万人以上を収容できるスタジアムを所有している大学もある。日本では考えられない規模感だ。そんなアメリカでは、NCAAと大学が連携して「過去どのようなスポーツ競技を経験しているか」というマルチスポーツの研究が盛んに行われている。

ちなみに、日本では義務教育の中で「体力テスト」というものがあり、みなさんも反復横跳びや垂直跳びなどをやったことがあるはずだ。しかし、この体力テストは被験者が「過去、どのようなスポーツ競技を経験してきたのか」という部分には着目していない。小学校用の記録（質問）紙には「1日の睡眠時間」「朝食を食べるか」など、競技記録を記入する部分以外で生活面については情報として得られるが、その子たちの競技経験値を把握して何かを明らかにする研究はなされていない。

テキサス大学オースティン校のマリラ教授が行った調査によると、「83%ものNCAA所属選手たちが（幼少期から高校生までの期間）複数のスポーツをやっていた」と発表した。つまり、アメリカの大学生たちは高校まで2種目以上のスポーツチームに所属していたと言っているのである。甲子園を目指す高校球児が、同じ高校のサッカー部にも所属しているなんて日本では誰が想像するだろうか。その競技のトップを目指せば目指すほど早期一本化が奨励されている日本スポーツ界では、高校生がNCAA選手たちの実態を理解するのは簡単なことではない。

こうした複数の競技経験を持つマルチスポーツのプレイヤーたちだが、日本人選手でも既にたくさん存在している。ＮＢＡのワシントン・ウィザーズから名門ロサンゼルス・レイカーズに移籍した八村塁選手は、地元ではバスケよりも野球選手として有名だった。明成高校卒業後に米国ゴンザガ大学に進学してＮＣＡＡトーナメントで準優勝した結果が評価され、２０１９年にＮＢＡドラフトで指名を受けた。日本では超一流アスリートたちは高校卒業後にプロの世界へ飛び込む傾向が強いが、八村選手のようにアメリカの大学に挑戦してプロ選手となる日本人も今後増えてくるのは間違いない。

マルチスポーツが盛んな国ドイツは学校に部活がない

アメリカと同じように国民のほとんどがマルチスポーツを経験するドイツでは、学校教育の課程で放課後に部活を行うシステムが存在しない。

ドイツの場合、全国各地に広がる9万ほどの地域スポーツクラブが、子どもから高齢者までのスポーツ環境を支えている。子どもたちは学校が終わったら一旦帰宅し、自宅地域のスポーツクラブへ向かう生活を送っている。これらのスポーツクラブはＮＰＯ法人として運営されており、会員制で多種目多世代型クラブだ。つまり、子どもたちの兄弟はもちろん、親や祖父母も同じクラブの会員となり、スポーツを楽しむ環境が人間関係や人間形成を育む場所になっている。

会員制スポーツクラブといわれるイメージも日本でいうフィットネスクラブのような場所ではない。日本の環境に例えて説明すると、どこにでもある近所の公民館が「クラブハウス」と呼ばれ、公民館がある公園内にはテニスコートやサッカー場、体育館がある。その空間には老若男女を問わず、学校終わりの子どもたちも含め多世代が交わりスポーツや談話を楽しんでいる。

そして、なにより驚くのがクラブハウスの中だ。クラブハウスには図書館のような読書スペースや（ドイツだからかもしれないが）ビールが飲めて飲食を楽しめるラウンジが存在する。ドイツではスポーツや文化活動を通じた「社交性を育成する場」であることがどのスポーツクラブでも重視され、学校では教師たちに勉強を教わり、放課後は自分たちの家族や地域住民が子どもたちを多方面から教育しているのだ。

ドイツの地域スポーツクラブはＮＰＯ法人として運営されているため、クラブによって「会員費」や「所属できるスポーツ競技」の違いが存在する。地域の人に喜んでもらう空間であるという共通点はどこのクラブも変わらないが、会員数やクラブを応援するスポンサーの数、施設の環境はそれぞれ経営方針によって違う。地域の人々が民主的に議論し、地域の独自性を考えて主体性や民主性を持って自治的な運営をしている。

例えば、ものすごく強いテニス少年がクラブに所属してきたときには、その少年のために「我々はどのような環境を作ってあげられるのか」を会員同士で議論し、多数決によって決定する仕組みになっている。クラブの運営方針を担う上層部を選挙によって決める仕組みも同じである。子どもたちも投票権を持っているため、早くから民主的な自治を理解し、主体性が身につくといわれている。

日本では企業運動部（いわゆる実業団選手レベル）で競技者生活を続けられるエリート・アスリートを除き、多くの競技者は学校を卒業すると同時にスポーツとの関わりが極端に少なくなる。もちろん、社会人になってからランニングや個々で民間の商業スポーツ施設で汗を流す人もいる。だが、多くの日本人はスポーツを「期間限定（学校）で一生懸命取り組むもの」という意識が根強い。

ドイツのように、地域のスポーツクラブに属する環境にいれば幅広い年齢層と交流することでスポーツ活動から得られるコミュニケーション活動は著しく伸びるだろう。年上の人と話すことに自然と慣れ、下の年齢の子たちを指導する機会に恵まれる。日本のように学校で部活動としてスポーツをやらなくても、人間教育上まったく支障はない。

第3章

自分の頭で考える「スポーツ探究授業」

▼スポーツの当たり前を疑うための素朴な疑問！

1 スポーツの本質を紐解く探究学習のテーマ

体育の授業で「スポーツ」を学んでいるか？

１９６４年10月10日から24日までの15日間、アジアで初めて開催された東京オリンピックにちなみ、２年後の１９６６年、「スポーツに親しみ、健康な心身を培う」ことを趣旨に、10月10日は「体育の日」として国民の祝日に定められた。その後、10月の第２月曜日に移り、２０２０年より「スポーツの日」と改称された。

近年、「体育」から「スポーツ」への名称変更が顕著になっている。例えば、日本体育協会（通称・体協）は、２０１８年に「日本スポーツ協会」と改めており、「国民体育大会（通称・国体）」は２０２４年から「国民スポーツ大会」へと変更になる。これはなぜか。

日本と海外のスポーツマネジメントを比較研究している立場から、経験に基づく内容を盛り込みながら紐解いてみる。

日本では体育の授業を通じて「体育の歴史」を学ぶことはほとんどない。歴史以前に「体育授業の目的は何か」を教わることも少ない。文部科学省は「心と体を一体として捉え、適切な運動の体験と健康・安全についての理解を通して、生涯にわたって運動に親しむ資質や能力の基礎を育てるとともに健康の保持増進と体力の向上を図り、楽しく明るい生活を営む態度を育てる」と示している。要するに運動嫌いな子をつくらないということである。

しかし現状は、体育の授業で行われているさまざまな競技や動作に対して、画一的に「うまい」「苦手」「下手」などと分類されてしまい、苦手意識を感じた子どもは運動することを楽しめず、継続的なスポーツとの関わりは望めなくなってくる。

日本人がスポーツの本質を理解しないまま「競技志向重視」になり、体育の授業を通じて「スポーツが好き＝競技がうまい子」「スポーツが嫌い＝競技が苦手な子」と単純に分離させてしまうことは避けなければならない。

スポーツの語源と本来の意味は何か？

明治時代、教育の目的を「知育」「徳育」「体育」に分けたことから体育の歴史は始まる。

学校教育を通じて体育の目的は兵士の養成と密接に絡み、やがてフィジカルを鍛える「身体の教育」に特化するようになっていく。

徳育とは、人間としての心情や道徳的な意識を養うための教育のことで、海外ではスポーツをする子どもたちにむしろ「徳育重視」で指導している。

スポーツはラテン語の「デポルターレ（deportare）」が語源といわれており、この言葉は「気晴らしをする」という意味である。deportare は中世フランスでデスポール(desport)になり、14世紀にイギリスで disport、その後 sporte、もしくは sport として日常的に使われるようになった。デポルターレの portare（ポルターレ）は「荷を担う」という意味で、冠詞の de は否定を表している。つまり、デポルターレは「働かない」という意味になり、これが転じて「離れる＝仕事や日常から離れる」といったニュアンスで世界中に広がっていった。

典型的なスポーツの歴史でいえば、イギリスで盛んなゴルフや乗馬、クリケットだが、もともとは狩猟を中心とした野外活動から始まっている。つまり、スポーツとは端的にいえば気晴らしになるもので、「仕事から離れて楽しいもの」として欧州全域に発展したサッカーはその代表例だ。彼らにとってサッカーを「する」ことは気晴らしであり、一方、観客の立場からサッカーの試合に「賭ける」というのも非日常的娯楽になっていったのである。

後にイギリス発祥のラグビーやサッカー等のスポーツは、徳育教育に不可欠な存在として組み込まれ、競技経験者たちはオックスフォード大学やケンブリッジ大学へ進学するのが当たり前となっていく。

こうした歴史が大きく影響して、欧州人に限らず世界中で「スポーツができる人は優秀な人であるべき」という意識が高まったともいわれている。特にイギリスでラグビーをやっている子たちは「ジェントルマン（人格が立派で優秀である人）」という言葉を使いたがる。自分はジェントルマンだからラグビーをやっているのだ、という自覚が非常に強い。

ちなみに、私が住んでいたニュージーランドもラグビー王国で、「ラグビーをやっている人は優秀でなければならない」というプライドを強く持っていた。自分は優秀だからラグビーをやるんだ、という感覚に近いものだった。スポーツの社会的価値を下げない文化としては非常にいい傾向であったと思う。

ラグビーに限らず海外のプロスポーツクラブは、どの競技においてもチームの選手育成に関して「勉強はしなくていい」という発想はまったくない。世界ナンバーワンを誇るスペインのＦＣバルセロナユース（高校生部門）では、ボールを蹴る時間よりも「教養講座」の時間が長く、「友情」「勝敗」「報道」「モラル」等の科目を受講している。

なぜ最近は東大オリンピアンが生まれないのか？

実は日本でも学業優先の部活文化は存在した。『倫敦から来た近代スポーツの伝道師』（高橋孝蔵著／小学館刊）によると、明治8年、英語教師として来日したイギリス人フレデリック・ウィリアム・ストレンジ氏は、本邦初のスポーツ紹介本を出版した。その中でスポーツマンシップを説き、運動会を開催してこれを日本全国各地に普及させた。同時に「スポーツによる人間形成」というイギリスのスポーツ観を日本の高等教育機関（当時の旧制高校）に伝えた。

ストレンジ氏が強調する「イギリスのスポーツ観」は、スポーツは歴史的にエリートが通うパブリックスクールで発展したことに基づく。

彼は「部活」のシステムを日本で作りあげた〝日本近代スポーツの父〟とも呼ばれている。氏は、スポーツを楽しむことで培われる健全な肉体と精神こそが、日本を背負う人材の育成に不可欠であると考え、粘り強く漕艇や陸上競技などを学生に教え続けたのである。その成果は歴代五輪出場選手を見れば一目瞭然だ。

日本スポーツの黎明期を中心に、１９１２年のストックホルム五輪では三島弥彦氏が東大第1号選手として陸上100mと200m、400mに出場し、アントワープ五輪（1920年）、パリ五輪（1924年）でも東大出身陸上選手が出場を果たした。その後、ベルリン五輪（1936年）では17人の東大オリンピアンが誕生し、総勢33人を数える。

しかし、日本は次第にスポーツによる人間形成の意味合いが戦争を通じて変わっていく。教育の目的を「知育」「徳育」「体育」に分けたことから始まり、体育の課題は外国人に負けないように日本人の体格・体力等を育成させ、優秀な兵士を生産することであったと記録されている。隣国の中国でも毛沢東が身体論を語り、体育の目的は兵士の養成であるといわれている。つまり、日本を含むアジアでは、まさに「体」を「育む」ために体育科目を利用したものだったのである。

たしかに国家が近代化するにあたって必要となる人材育成という側面が最重要であったことは理解できるが、海外におけるスポーツの文化的背景を無視して徳育と体育を分離させてしまった結果、日本では「スポーツが嫌い」と感じている子どもたちも多く、近年スポーツ庁でも問題視している。

スポーツ庁の第2期スポーツ基本計画で掲げている目標は「スポーツ嫌いの生徒を8%（半減）まで減らすこと」（2018年3月15日付スポーツ庁WEB広報マガジン「デポルターレ」）だと定めた。諸外国に比べてスポーツ嫌いな子が多いことや、大人になってからもスポーツをする「スポーツ実施率」が低いことの主な原因は、「できる・できない」あるいは人と比べられて評価され、学校の成績の中にスポーツが押し込まれてしまったことの弊害なのかもしれない。

「体操着」は本当に必要なのか?

スポーツの本質から考えると、体操着は必要か否か。スポーツの楽しみ方は人それぞれ違うものであり「気晴らし・楽しい」という本質は個人に属するものである。

海外では体育の授業で学校側が決めた体操着を着用するのは「自主性を奪う」と考えられ、体育の授業で体操着を着ないのが一般的である。自分の体に合った服を着ること、足の形に合った靴を履くことがいかに合理的であるかは誰もが理解できることだ。はたして日本のように画一的な体操着を着る必要性はあるのだろうか。

体育の本質から考えてもフィジカルを鍛えるのに服装の統一は何も影響しない。ましてや成長期の子どもたちに限定された体育館シューズを履かせれば、さまざまな足の障害を発症させる危険すらある。

最近では公立小学校、中学校でも指定された鞄(スクールバッグ)が廃止される傾向にある。自分の好きな鞄を持って登校できれば、子どもたちの成長に影響を及ぼす体操着や指定された靴を自由化させるのもそんなに難しいことではないように思われる。

なぜ日本の体育授業は「男女別」なのか?

中学校保健体育の授業は、男女共学になるまでの歴史的背景により「男女別習が当たり前」だった。2017年の中学校学習指導要領でようやく「男女共習の推進」が明記されたが、依然として男女別習型体育授業を行っているのが現状だ。

体育授業の男女別習を行う側の主張は「男女が同一の時間に、同一の場所で、同一の種目を実施すれば、男女別習授業以上に体力・能力差が拡大し、指導の困難度が増す」とか「思春期特有の異性に対する感情からの反発や照れくささなどへの配慮」というものだ。

一方、諸外国は「世の中には男子だけの企業はない。男女別の社会は存在しない。学校は社会に出る前の教育機関なのだから、体育は男女共存共栄をスポーツで学ぶ最高の場である」としている。

小学校高学年から中学生までは女子のほうが成長度は早い。ここで女子だけに分けてしまうとむしろ運動能力が低下してしまう。日本サッカー界のレジェンドプレイヤーとして有名な元女子プロサッカー選手の澤穂希さんは「男子に混じってサッカーをやっていたから私はレベルを上げることができた」と語っている。

スポーツ庁が公表した「2022年度全国体力・運動能力、運動習慣等調査」によると、1回目の東京オリンピックが開催された1964年から調査した数字と比較すると、10～19歳の青少年期男女について筋力は低下し、体格は大きくなってきているが、その体格にふさわしい体力を育むことが必要であると指摘する。

順天堂大学の内藤久士教授が述べているように「91年から大学での保健体育が必修科目でなくなった影響」という理由もあるだろう。環境的には近くの公園でスポーツができなくなってきた、ゲーム機器を使って遊ぶ子どもたちが増えてきたなどの影響もあると思われる。しかし「男女共同参画の推進は中学校の体育授業改革から」という視点は早急に検討すべきだと考える。

子どもの体力・運動能力はなぜ低下しているのか?

日本の学校体育では「速く走れる」「高く跳ぶこと」などが「できる・できない」で成績に反映されてしまう。一方、海外の校庭や体育館を見れば、鉄棒、跳び箱といった兵士を養成するための運動具はない。生徒たちに学ばせるのは身体的なものではなく「精神的な徳育」が主となる。すなわち、スポーツは「できる・できない」の身体教育ではなく、教養教育として伝統を継承していくのだ。学校教育における役割は、スポーツのある生活が誰にとっても素晴らしいものであるということを、子どもたちの心身の記憶として刻むことなのである。

デポルターレは「(ゲーム性を伴った) レクリエーション」という和製英語で訳されることもあるが、レクリエーションとは本来「再創造」という意味で「リ・クリエイション」である。人間がスポーツを通じてクリエイティブになるために必要な活動を指すもので、日常生活や仕事などでストレスを感じていたとしても、スポーツをすることで人々は再びクリエイティブになれるのだ。

2016年のリオ五輪で日本は史上最多のメダルを獲得し、さらには2021年に開催された東京五輪においてリオ五輪を超えるメダル獲得数を更新した。その結果も影響して、多くの国民は「日本人の運動能力は上がっている」と考えているだろう。

ところが令和4年に発表されたスポーツ庁のデータによると、日本の子どもたちの体力運動能力は明らかに低下している。小中学生の男女ともに数字が下がっており、なかでも「走る能力」が低下した。

日本の体育では競技スポーツのスキル習得に重きを置いている。バスケットボールのドリブルができること、レイアップシュートがきれいにできることが評価に直結する課題達成型の授業で、このままでいると、本来一番楽しいはずの「ゴールを決める」ことが軽視されてしまう。子どもたちにとっては、どのようなフォームであれゴールが決まればそれでいいし、楽しいのだ。

設置されているゴールなどは無数にあるわけではないので、投能力を向上させるのであれば、例えばバスケットボールだけではなく、同じ時間にソフトボールやサッカーボールを使うなど複数競技を用いて「ボールを投げる感覚の違い」をトレーニングしたほうが運動能力は上がるように思われる。

運動神経にそもそも良い悪いはあるのか?

誰もがよく口にする「あの子は運動神経が良いね」という言葉、それは本当か。

そもそも「神経機能」と運動が結びついているわけではないので、答えはノーだ。

運動は神経を介して人間の各部(骨、関節、筋肉)の運動器が脳とつながって動くものであるため、神経が良いとか悪いとかは誤った認識だ。

　では「運動神経が良い悪い」は何を指すのかというと、多種目において平均的に「できる・できない」である。しかし、それは「神経」の問題ではなく運動経験値の違いである。つまり、運動神経が良いとされる子は運動体験が豊富で、全身を動かす能力と運動に必要な体力が重なり合った状態のことをいう。この基礎体力・運動能力を高めるのは「姿勢に関する機能（組む、逆立ち、回る、浮く、起きる等の9種類）」、「重心に関する機能（走る、泳ぐ、くぐる、滑る、這う等の9種類）」、「四肢を巧み

36の基礎運動

姿勢に関する機能
・立つ　・組む　・乗る　・逆立ち　・渡る ・起きる　・ぶら下がる　・浮く　・回る

重心に関する機能
・走る　・登る　・歩く　・跳ねる　・泳ぐ ・くぐる　・滑る　・はう　・跳ぶ（垂直）

四肢を巧みに使う感覚機能
・持つ　・支える　・運ぶ　・押す　・当てる ・掘る　・蹴る　・押さえる　・捕る ・振る　・漕ぐ　・渡す　・投げる　・倒す ・引く　・打つ　・掴む　・積む

に使う感覚機能（支える、押す、蹴る、投げる、漕ぐ、打つ等の18種類）」からなる「36の基礎運動」の経験値といわれている。

そもそも運動に必要な基礎運動経験がない多くの子どもたちは、例えば小さい頃からサッカーだけしか練習していない場合など「心と体が一体化せずストレスになっている」ともいわれている。おそらく無意識の状態で子どもたちは頑張っているにもかかわらず、自分が考えている動きと練習内容がうまく一致せず、何度もやらないといけないためストレスになっているのだろう。

基礎体力・運動能力を高めるために一つの競技だけを必死に続けても「楽しいと感じる機会損失」につながってしまう恐れがある。

「体育座り」ははたして何を育むのか？

日本では当たり前となっている「体育座り」。1965年に文部省（現文部科学省）が学習指導要領の補足として発行した「集団行動指導の手引き」で「腰をおろして休む姿勢」として取り上げられたことから始まる。体育の授業では定番の姿勢だ。

ちなみに探究するポイントは、決して文部科学省も体育座りを「やりなさい」と明言していないことだ。「集団行動の様式だけを取り上げて形式的に指導したり、必要のない場面で画一的な行動様式を強要することは望ましいものではない」と述べている。

私がニュージーランドの中学校に入ったとき体育座りはなかった。「体育座りは囚人たちが課せられる座り方」というのが海外では一般的な考え方だ。

なによりも、運動が上手になるための前提条件に「姿勢」があることを忘れてはならない。「36の基礎運動」の中で姿勢が重視されているのは、姿勢維持機能と重心制御機能によって複数の筋肉群と協働して運動機能を高めているからだ。体育座りは膝を抱え込み、内臓を圧迫させ、坐骨への神経痛を発症させる危険性があるとされており海外では推奨されていない。

なぜスポーツが世の中から消えないのか?

日本人にとって、英語の「カルチャー（culture）」という言葉は「文化」と訳すほうがピンとくる人が多いと思うが、辞書で調べると「文化」という意味と、実はもう一つ「教養」という意味が出てくる。

カルチャーの語源はラテン語の「cultus」に由来しており、初めは畑や土地を「耕す」

意味で用いられたが、英語となりカルチャーという単語の意味は「心を耕すこと」になってきた。現在でも英語の「耕す」という動詞は「カルティベイト（cultivate）」となっていることからもわかるように、心が耕され、人間として豊かになること、その人間活動の総称を文化と呼び、また教養という意味も示している。その視点で考えれば、一つの答えにたどり着く。

スポーツには必ず「勝敗」というものがつきものだが、たとえ敗者になったとしても人間社会に存在し続けている不思議な価値を持っている。スポーツは間違いなく人間が耕し育んだ文化であることを認識しなければならない。スポーツは戦争とは違い、負けてもなくなるものではない。「生活になじんだ活動」が文化といわれるように、スポーツが世の中から消えない理由は「スポーツは、世界共通の人類の文化になった」からである。

「eスポーツ」はスポーツなのか？

ドイツではチェスや釣り（フィッシング）などもスポーツと認定しているが、日本では学校教育の中で馴染みがなければ「スポーツではないだろう＝遊びだろう」という考え方になっているように感じる。

しかし、スポーツ庁の第2期スポーツ基本計画（平成29年度～令和3年度）でも示されたように、散歩やダンス、ハイキング、サイクリング、野外活動やスポーツ・レクリエーション活動も「スポーツである」と捉え、文化としての身体活動の幅を広く耕していくことになっている。

最近、頻繁に議論されるようにもなってきた「eスポーツ（エレクトロニック・スポーツ（electronic sports の略称）」。世界的にはコンピュータ＆ビデオゲームをスポーツ競技として捉えているが、これらは高い思考力を用いて競われる「マインドスポーツ」と呼ばれている。

１９９６年に教育コンサルタントのイギリス人トニー・ブザンによって、バックギャモン（基本的に2人で遊ぶボードゲームの一種で、盤上に配置された双方15個の駒をどちらが先にすべてゴールさせることができるかを競う）が記憶能力や判断能力などの脳の肉体的能力を使う「スポーツ」であると呼ばれたのが始まりで、アジア・オリンピック評議会（ＯＣＡ）が主催するアジア競技大会ではカタール・ドーハの２００６年アジア競技大会でチェスが、中国・広州の２０１０年アジア競技大会で囲碁が、インドネシア・ジャカルタの２０１８年アジア競技大会でコントラクトブリッジが正式種目となっている。

日本でも頭脳スポーツ財団が総合競技大会の開催を目標に活動しており、文部科学省も頭脳スポーツふれあい体験会などを開催する時代になりつつある。

こうした議論が活性化することはまさに文化の構築だ。日本はスポーツ先進国の中でもいつも後発的な動きとなってしまうが、少しずつスポーツ文化の成熟が期待できるような国になってきているのだろう。

日本でも見直されはじめた「スポーツ」の本質

〝体協〟と長年呼ばれていた日本体育協会は日本スポーツ協会と改称し、国民の祝日として長年親しまれてきた「体育の日」は、２０２０年から「スポーツの日」と変更されている。ちなみに、英語の表記では当時からHealth Sports Day、つまり健康とスポーツの日とされていた。

スポーツと体育をイコールで結び、身体を鍛えるだけの体育教育から、知育としてのスポーツ教育、徳育としてのスポーツ教育という「スポーツの本質」に立ち返ったのだろう。

小中学校の体育の授業では競技のやり方は学ぶが、スポーツの意味、本来スポーツが目指すものや歴史を学ぶ機会は少ない。これまでの日本の学校教育の良さもたくさんある。しかし、時代は動いている。トップアスリートを見れば一目瞭然で、彼らは今や世界の大会やプロリーグを目指している。つまりスポーツは、グローバルスタンダードに最も重要でなくてはならない存在なのである。

甲子園球児も「野球だけしかやってきませんでした」と言うのではなく、ベースボールの歴史を学べば、それはアメリカの歴史になり、アメリカ人の思考法を学ぶことにもつながる。フットボール（サッカー・ラグビー）の歴史を学べば、それはヨーロッパの歴史を知ることになり、なぜ世界一注目されるワールドカップ（W杯）が存在するのかもわかるはずだ。オリンピックの歴史と近代ヨーロッパの歴史、さらに現代の国際関係学を学ぶことになる。スポーツを体育という旧来の既成概念に閉じ込めてしまうと、本来スポーツの持つ文化的で知育的な豊かな要素に焦点が向けられず、活用しようという発想すら生まれなくなる。

海外の大学生たちが、就職活動で使う履歴書には（自己PRで）必ず複数のスポーツ種目の経験を書く。もし、一つの競技しか書かなければ面接官に「君は社会性が育まれていないんだね」と指摘され、ネガティブな印象を与えることがあるからだ。日本人の青少年たちが一つの競技を長年やってきたことをアピールする時代はいつ終わるのだろうか。

2

日本の運動部活動から紐解くスポーツの本質

子どもを守るための禁止看板が自由を奪っている

経済格差が教育・学力格差や健康格差等に影響を及ぼしている。お茶の水女子大学浜野隆教授は、全国学力・学習状況調査結果から「家庭の社会経済背景と子どもの学力に関係がある」と論じている。この格差問題はスポーツ教育にも深い影を落としている。

「子どもによる子どものための遊びの世界」という、単純に楽しくおもしろい遊びであるはずのスポーツが、いつの間にか「スポーツを教わる」「習う」ものに変質し、「大人たちからやらされる活動」になってきてはいないだろうか。公園では「サッカー、野球などのボールを使った遊びは禁止」の看板が掲出され、学校では「子どもたちにボールが当たると危険だから」と放課後の自由なスポーツ活動が奪われている。

２０１１年に「スポーツ基本法」が誕生し、スポーツは国民みんなのものである、と明記されてから十年以上経つが、ボール使用禁止看板は増えるばかりだ。スポーツに対するそんな不平等で不可思議な社会環境の中で、各家庭の保護者は運動活動の場所を有料で探さなくてはならない。

浜野教授が指摘するように、家庭の社会的経済条件によって子どもの学力にも影響を及ぼすことと同様に、スポーツをできる環境が有料ばかりになっては、子どものスポーツ参加率や体力・運動能力等の格差を生むことも明白になってくる。

ベネッセ教育研究開発センターが行った調査によると、幼児から高校生までの子どもを持つ母親のほぼ全員が「子どもが身体を動かす機会を増やしたい」「子どもにとって運動・スポーツは必要だ」と回答しているのに対し、全体の６割が「チームに対する強制的な手伝いなどの負担」や「費用の負担」「遠征時の送迎の負担」が重いと感じている。また世帯年収４００万円未満の家庭では、４人中３人がスポーツ活動に費やす支出やチームの運営補助活動に負担を感じている。

筑波大学清水紀宏教授は「地域スポーツやスポーツ産業の領域のみならず、ファミリースポーツにおいても経済的要因の影響が表れている」「留意すべきことは、貧しい家庭に育つ子どもの不利益がスポーツの場合には際立っている」と述べている。

運動をする子としない子の二極化が進んでいる

家庭の社会的経済条件が子どもの学力に影響を及ぼすことは認知されてきたが、子どものスポーツ参加率や体力・運動能力等の格差を生むことはあまり知られていない。運動する子としない子の〝二極化問題〟について考察する。

体力・運動能力の低下に加えて運動習慣の二極化については1997年の保健体育審議会答申によって初めて指摘され、2000年の中央教育審議会答申に体力低下問題が取り上げられた。しかし、その15年後の調査によると、運動・スポーツを「週3日以上実践している者」の集団は増えたが、「週3日未満の者」はほぼ横ばいという結果が示された。

2006年改訂のスポーツ振興基本計画では、主に人間力を高めるために必要な（子どもの）体力を低下させてはいけないという文言が追加されているものの、国民の経済格差と子どもの低体力・低運動能力を底上げさせる具体案提示には至っていない。

2022年の中央教育審議会答申では、⑴子どもの外遊びやスポーツを学力よりも軽視する国民の意識、⑵子どもを取り巻く環境の問題、⑶子どもの生活習慣の問題、の三つが議論されたが、筑波大学清水紀宏教授は、⑴は「誰が、運動・スポーツを軽視しているのか」、⑵は「環境変化の影響を受けているのは誰か」、⑶は「どのような家庭の子どもの生活習慣が乱れているのか」といった細部にわたる要素が追究されていないと指摘する。

特に子どもの生活環境や遊びの環境問題は、体力低下の要因といわれているため、彼らがなぜスポーツをする時間や場所、そして仲間に恵まれないのか。スポーツをする機会をどのようにつくればいいのか等はさらに検討すべき課題と考えられる。

子どもは自分たちの楽しい遊び場を求める

中京大学の中野貴博教授が２０１９年に発表した論文では、「保護者の運動嗜好性と子どもの活動意欲」について、低学年児童を集めて行った運動実践（さまざまな運動動作を計８回行い、実践中の歩数を計測）の結果、運動が得意と感じていない保護者の子どもが、そうでない保護者の子どもより平均歩数が明らかに上回ったという。つまり「保護者の運動嗜好とは関係なく、子どもたちに運動機会を提供しさえすれば、どんな子どもでも十分に運動を楽しみ、体力・運動能力も高められる」という期待を述べている。

スポーツ格差に関する実証的研究はまだまだ発展途上にある。その原因の一つは、現在行われている体力・運動能力、運動習慣等調査が「集計結果のみ公開」されているからだ。

全国学力・学習状況調査も同様だ。研究者たちにこれらのローデータを積極的に公開し、エビデンスから現代社会に相応しい発展的な研究を促してほしいと思う。

私は複数のスポーツを経験させるマルチスポーツのアプローチを推奨しているが、このような研究結果から考察すると「一つのスポーツに絞る強制的な部活の慣習」を撤廃し、子どもたちがもっと気軽にスポーツに関わることができ、「自分にとって楽しいスポーツが見つかる・継続できる」環境を整えていくことが、体力低下問題を解決する一歩につながるのではないかと考える。

プロ選手になれる確率はわずか0・22%

日本サッカー協会が公表している競技選手登録数は約81万人。一方、Jリーグに所属するプロ選手は約1800人。プロサッカー選手になれる確率はわずか0・22%だ。プロ選手の中には外国籍選手や、アマチュアでも事実上プロ選手として活動している人もいるため正確な数字ではないが、実に99・78%はプロ選手を目指してもプロになれないということだ。

学校教育の一環として部活動が発展した我が国では、子どもたちがスポーツを本格的に始める場所が学校になる。近年は地域のクラブチームに所属している子も増えてきたが、サッカーの全国中学生年代（第3種登録者）では、部活（中体連）に所属している競技者数が約13万人に対し、クラブチーム所属が約7万人（日本サッカー協会2020年度発表）と、学校のサッカー部に所属する人数が圧倒的に多い。

世界のサッカー強豪国（ドイツや南米）には部活がないことが一般的で、子どもたちは地域のクラブチームに所属している。彼らは中学生年代にもなれば1年単位で才能があるかないかを判断されるという非常にシビアな環境で競争力を育んでいるのだ。

スポーツ大国のアメリカでは日本と同様に学校での部活が盛んである。しかも小学生のときにスポーツテストを受け、学校の部活動でもセレクション（入部テスト）を受けるのが一般的だ。セレクションに落ちた子で、どうしてもその競技のチームに入りたい場合は「また来年挑戦してください」と言われる。

イギリスやオーストラリア、ニュージーランドは学校の部活動もクラブチームも両方盛んな国であるが、私もオーストラリアとニュージーランドの現地校に通っていたときに、部活のセレクションを受けさせられた経験がある。つまり、スポーツ先進国のほとんどが子どもたちの適切な才能を見極めてあげるタイミングを設けているのだ。

日本は、部活でセレクションする発想はまったくない。したがって、強豪校においては百数十人の部員を抱えることも珍しくなく、チーム内で2軍、3軍、4軍以上にわたるケースもある。クラブチームにしても、セレクションこそあるが、合格してしまえば中学のときは3年間、高校のときも3年間は在籍できる。Jリーグの下部組織（アカデミー）ですら諸外国のように1年単位でチームを精査することはほとんどない。

また、日本には体育会系という言葉が存在する。子どもたちは中学・高校・大学と、新しい環境に進むと1年目はほぼ雑用で、チームに慣れるだけで精一杯。2年生で勝負をかけることになるが、気づけば受験がチラつき、3年生の夏までには引退していく者がほとんど。そうした仕組みで「世界の競争力に追いつくこと」はきわめて現実的ではない。

それでも日本の部活動は「ブラック部活動」と揶揄され、ひたすら世界一練習量の多い国と化している。プロ選手になれる可能性は0・22％という現実の中、「世界一子どもに休息を与えない国」ともいえる我が国の中学生や高校生を指導する大人たちは、いったいどこへ導こうとしているのだろうか。

練習時間の減少を促すガイドラインは守られているのか

2018年3月、スポーツ庁は「運動部活動の在り方に関する総合的なガイドライン」

と題した活動指針を策定し、全国の自治体や学校などに通知した。このガイドラインの中心的狙いは練習時間の減少を促すものである。はたして勝利至上主義の是正策は進んでいるのか。

ガイドラインは、1週間に2日以上の休養日（平日に1日以上、土日に1日以上）を設けること、1日の活動時間は長くても平日が2時間程度、土日は3時間程度とするように明記した。この結果、18年度から19年度にかけて公立中学校で週1・6時間減少した。ガイドラインの存在は抑止力を高めたといっていい。

20年度はコロナ禍の影響もあり調査を実施していないが、部活動は大幅に縮小され、各競技団体主催の大会も中止となった。また9月に同庁から新たに部活動の改革方針が発表された「学校の働き方改革を踏まえた部活動改革について」と題した方策は部活動の過熱化を鎮火させ、疲弊する教師たちの働き方を変える良い機会となったのである。

コロナ禍で打ち出した改革方針はグローバルスタンダードに近づける一歩になる、はずだったのだが。

世田谷区にある某公立中学校のバレーボール部は、私の取材によればチームが二つ誕生した。学校の部活動チームとNPO法人チームの二つだ。しかし、実態はなんとメンバーは二つとも同じなのである。体育館の予約と練習時間を2倍にできるよう組織を分散化したのだ。いわゆる大人（教師や指導者）たちがガイドラインを守っているかのように見せるための「ルールの抜け道チーム」だ。これが本来あるべき部活動の姿なのだろうか。

21年度、各自治体教育委員会等によって独自の感染症対策や部活動のガイドラインが新たに発表され「大会に出場する生徒に限って公式戦等への参加を認める」「公式戦等のない部活動については平日のみ3日以内とする」「校外での活動、他校との練習試合や合同練習などは行わない」といった内容である。これははたして守られているのだろうか。

「教師のため」から「子どものため」の教育へ

部活動が過熱化するのは第三者組織がないためである。監督となる指導者が学校教員であればさまざまな圧力を生徒たちに直接かけられる。部活動をやっている子たちが精神疾患や慢性障害の発生多発となっている原因もここにある。

ニュージーランドでは第三者委員会の役割をネット上でプラットフォーム化している。日本でも同様にネット等を通じて現状の把握や改善策などの情報を生徒や保護者も発信・共有していくことが「学校の働き方改革」への第一歩となるだろう。

そして近年、小学生の野球人口や甲子園を目指す高校野球登録校が激減している。日本中学校体育連盟によると、2007年には約30万人いた野球登録者数が2018年には17万人と半分近くに減っている。私が野球少年だった30年前には公園内で当たり前のように野球ができたが、今はほとんどの公園で「野球、サッカー禁止」の看板が掲出されている。

なによりも過剰すぎるほどの挨拶と声出し、坊主頭の中高生が連日泥だらけになって白球を追いかけている姿を見て野球の本場アメリカ人は一様に驚く。軍隊スタイルの行進や整列をいまだに強要され、緊張感しか伝わらない日本の試合風景はアメリカ野球とはまったく違うものだ。ベースボールは楽しいエンタメスポーツであり、試合前には娯楽的雰囲気を出す演出が多数行われる。

近年、小学生年代の野球指導者たちの中で「学びを生む環境の創出」と「学びの機会の提供力」をチームに取り入れることが重要だと主張する声が増えている。「試合中に(子どもたちに)サインを出さない」「バント(自己犠牲)をさせない」「教えない」を徹底させる育成法へシフトしている例を紹介しよう。

世田谷区軟式野球連盟が主催する「リポビタンカップ春季低学年軟式野球大会2020年」でチーム設立4年目にして優勝したチームがある。東京バンバータ・ジュニア(当時小学4年生チーム)だ。〝バンバータ・スタイル〟と呼ばれ、「ノーサイン」「ノーバント」「ノーティーチング」で結果を出した。ちなみに、セレクション(入団選考会)を経て入ってきた選抜チームの子たちではない。

のびのびプレーして、初球からどんどん打ちにいく。試合中に監督からの指示はゼロ。選手へのダメ出し、強制的な指示もなし。教えずして子どもたちを成長させる方法を確立させ、チームの名前は一気に広まった。

私が顧問をする学童野球「帝京ベースボールジュニア」も日本の従来型少年野球スタイルではない。「マルチポジション」「マルチスポーツ」を掲げており、子どもの頃から守備位置を固定させない、野球の練習だけに限定しない（サッカーやラグビーの練習を取り入れる）。そしてバンバータ同様「ノーバント」を徹底している。

帝京大学OBの元プロ野球選手・里崎智也氏が会長で、監督は同氏と大学硬式野球部の寮で同部屋だった秋山満氏。両氏は、「指導者が子どもたちを支配してはいけない」という哲学を実現させるチームづくりを目指している。

第4章

マルチスポーツを科学する

▼「する・みる・ささえる」スポーツがもたらすもの

年々深刻化する米国ドラフト候補生の怪我履歴

スポーツ大国アメリカだが、我々が想像しているほど「理想を実現している国」ではなく、むしろユーススポーツと呼ばれる世代の育成については問題が山積している。

例えば、アメリカでは複数の競技をバランスよく経験するマルチスポーツは、主に若い選手たちの怪我の問題に関する研究の結果を受けて発展してきた。これまで紹介してきたとおり、海外では一つのスポーツに絞ることができないシーズン制の部活動システムにもかかわらず、ユーススポーツの「早期専門化 Early Specialization」、つまり幼少期などの早い時期から一つの競技に専門化している子どもたちが増えているという問題が起こっている。

アメリカでは18~19歳の選手たちの怪我や手術の履歴が年々増加・深刻化していて、これが社会問題として指摘されている。全米でも輝かしい戦績を記録した若者アスリートたちが、「プロ契約」一歩手前のメディカルチェック（怪我の確認）をクリアできない事態が多く生じているからだ。「健康な選手を見つけるほうが難しい」と言っても過言ではなく、特にオーバーユース（身体の一ヵ所を特に使いすぎて生じる怪我）が大きなリスク要因と考えられるような大腿骨頸部、脛骨、舟状骨、第5中足骨などの疲労骨折が特に多くなっている。

2017年にThe American Journal of Sports Medicine に記載された2000人を超えるユースアスリートを対象とした研究論文（Post et al. 2017）によると、思春期前から単一のスポーツを行っているアスリートは、そうでないアスリートに比べて過去の怪我をレポートする傾向が約1・6倍も高く、オーバーユースの怪我においても約1・5倍高いと報告されている。

マルチスポーツで複数のスポーツを日頃からプレーしていても、メインスポーツに参加している時間が長すぎれば怪我のリスクを高めてしまう。この論文では、1年間で8ヵ月以上メインスポーツに参加しているユースアスリートは、上半身・下半身の両方において、オーバーユースの怪我をレポートする傾向が約1・7倍高いと報告している。

スポーツの早期専門化が蔓延する背景

季節ごとにスポーツが変わるという海外のシーズン制システムが、親や指導者たちの意向によって子どもたちが特定のスポーツを早い段階で選び、年中同じスポーツをプレーするというスタイルへと変わってきているという。これを英語では Early Specialization と呼び、マルチスポーツの研究では頻繁に取り上げられるテーマだ。

ラグビーが国技のニュージーランドでも「オールブラックスに選ばれる選手になりたい」という一心でユース時代からラグビーしかやらない子どもたちが増えており、競技成功者の社会的地位向上、奨学金を含めたエリートアスリートへの経済的な優遇といった社会的背景も相まって社会問題化している。

オリンピックアスリートやプロアスリートを対象に、彼らの成長過程で複数スポーツを経験している傾向があるという研究報告や、トップアスリートによるユーススポーツの安全・健全化を目指した啓蒙活動が行われているにもかかわらず、ユーススポーツビジネスの巨大化やピア・プレッシャー（同調圧力＝多数派の意見を押し付ける暗黙の圧力）などから、コーチや親、保護者による Early Specialization への支持は根強くなってきている。

「バスケ以外のスポーツをやったほうがいい」と推奨するバスケ協会の真意

小学生のときは野球少年だった八村塁選手。2022年2月1日、文藝春秋 Number Web の記事『八村塁の〝休養〟に考える代表選手のケアと育成年代への警鐘「バスケ以外のことをやったほうがいい」の真意とは?』では、1月9日デビュー戦となったオーランド・マジック戦の後に語った自身の言葉が紹介されていた。

「僕は13歳の時からずっとバスケットボールをしてきました。日本にはバスケットボールのシーズンというものはなく、1年中プレーしています。オフシーズンがなかったんです。(ゴンザガ)大学に入ってからも、夏には日本代表で活動していて、去年もシーズン後に日本に戻り、(東京オリンピックで)代表としてプレーしました。きつかったです」という内容である。

この記事では、八村選手のコメントを引用して育成年代の選手たちの練習しすぎによる疲労やメンタル的な燃え尽き症候群についても述べられている。日本バスケットボール協会スポーツパフォーマンス部会長の佐藤晃一氏は、「例えばNBAの選手を対象にした論文があって、高校の時に複数のスポーツをやっていた選手とそうでない選手を比べると、複数のスポーツをしていた選手のほうが大怪我は少ないし、選手生命も長いんです」と述べている。本来、バスケットボール協会は「バスケをする人の数を増やす」という立場でありながら、「他の競技もやったほうがいい」と推奨するのは矛盾しているようだが、NBAでも同様に「バスケ以外のスポーツもやろう!」というメッセージが強く発信されている。

スポーツの早期専門化の定義

ユーススポーツ世代と呼ばれる子どもたちが、単一のスポーツを早い段階から専門的に行うこと（スポーツの早期専門化：Sports Early Specialization）による怪我のリスク増加などの弊害は、さまざまな研究を通して報告されているが、何をもって「早期専門化」と判断するのかは明確な定義がまだ存在していない。

数多く発表されている研究論文で、よく使われている定義がJayanthi et al.,（2015）による〝Year round participation in a single sport at the exclusion of other sports ＝他のスポーツをせずに、単一のスポーツに年中参加していること〟である。

他にも、プレー年数を考慮に入れた定義の研究は次のとおりである。

・1つのスポーツに2年以上参加している＋他のスポーツへの参加が2年以下＝専門化
・2つ以上のスポーツに2年以上参加している＝マルチスポーツ

(DiCesare et al., 2019)

・年数に関係なく単一のスポーツだけに参加している＝専門化

・年数に関係なく2つ以上のスポーツに参加している＝マルチスポーツ
(Hall et al, 2015)

では、なぜ定義が確立していないのか。一番の理由が「専門化の程度」を定義するのが難しいからだ。

“Year round participation in a single sport at the exclusion of other sports ＝他のスポーツをせずに、単一のスポーツに年中参加していること”

これが一番よく使われる定義ではあるが、これでは週1で1つのスポーツに参加している子どもたちと、週5で1つのスポーツに参加している子どもたちが同じ扱いになってしまう。

同一のスポーツを長く続けると怪我のリスクは高くなる

スポーツの早期専門化に対する警鐘は、アメリカの権威ある整形外科メイヨー・クリニックからも発信されている。全米で最も優れた病院ランキングナンバーワンの同クリニックのドクター Anikar Chhabba M.D. によれば、「子どもの怪我が蔓延している大きな要因はスポーツの早期専門化にある」「同じスポーツを幼少期から、しかも複数のチームに所属してプレーしている子どもたちは休息時間を得られず、身体機能が成長、回復できない」「早期専門化によって子どもたちの燃え尽き症候群や、スポーツを一生やらなくなることを助長させている」と動画内で述べている。

この動画は、子どもたちが競技を一本化させる悪影響に対して〝Mayo Clinic Minute: Why Kids Shouldn't Specialize in One Sport ＝メイヨークリニック：なぜ子どもたちは一つのスポーツに専門化すべきではないか〟というタイトルで、患者となる子どもとその親、そして指導者に対して「一つのスポーツから3ヵ月間休みをとること、そして休息期間には他のスポーツをすること」だと予防法を具体的に提示している。

この指摘については、アメリカ小児科学会や全米アスレティックトレーナーズ協会などの声明でも同様に伝えられている。同一のスポーツを一年間で8ヵ月以上プレーしていることがユースアスリートの怪我のリスク要因であると報告している研究（Post, et al, 2017など）に基づいたものだと考えられる。

他のリスク要因としては、種目を問わず週16時間以上の組織されたスポーツへの参加や、組織されたスポーツへの一週間の合計参加時間が年齢を超えていること（例えば9歳なら週9時間以上参加すること）などがあげられている。

アメリカの育成年代に詳しいアスレティックトレーナーの中山佑介氏（TMG athletics代表）はこの「3ヵ月のオフ」について、どの程度の頻度と量で単一スポーツに参加している子どもたちに対して〝3ヵ月の休息を必要〟としているのかが明言されていないと指摘する。

中山氏も積極的にマルチスポーツを推奨する専門家の一人であるが、自身が米国のスポーツ事情に精通している立場から3ヵ月のオフは「スポーツをやらない休息として捉えるべきではない」と述べており、この3ヵ月間には他のスポーツを経験したり、自由な時間を増やすという理由でオフを入れる感覚のほうが重要であると言う。

日本の部活動は、あたかも全員がプロを目指すエリートアカデミーのようにほぼ毎日練習している。このようなスポーツ環境では、3ヵ月のオフという考え方は導入されにくい。「部活動そのものを停止する必要はなく、合計時間に注意を払った上で、例えばバスケ部とサッカー部で3ヵ月だけ入れ替えてみたりしたら、どうでしょうか。違ったスポーツに触れ、違ったコーチングスタイルに触れる機会は、子どもたちの心身のためにも、また人生経験としてもプラスになるはずです」

と具体策を提唱している。

異常に活動時間が長い日本の運動部活動

日本の部活動のように、一つのチーム（競技種目）で膨大な時間を費やす環境は、世界と比較してもかなり特殊である。

各自治体の学校体育調査などの資料を見ても「運動部の設置数は減少」「部員数は少子化により減少」と報告されているにもかかわらず、運動部活動の日数は異常に多い。例えば神奈川県が2014年に報告した「中学校・高等学校生徒のスポーツ活動に関する調査報告書」によると、県内の中学生、高校生ともに週6日の活動日数が50％を占めていた。週7日を含むと、約70％にものぼる。2007年と比較すると、「週7日」の活動を行っている生徒が増加していた。熊本県でも同年発表された報告書によると、週6日の活動日数で「中学生66・4％」「高校生71・8％」である。

日本では、一つのチームにしか所属できないため「常識が単一化」しやすい。つまり、子どもたちにとってみれば、一つのスポーツコミュニティの中でしか常識を考えなくなり、他と比べる物差しが生まれない。顧問や監督となる指導者が一人になりがちな部活環境の中では、外と比較する機会が圧倒的に少なくなる。

学校での運動部活動が盛んなアメリカやイギリス、ニュージーランドは、指導者をあえて外部指導員にして子どもたちと接触する大人の数を増やしたり、他競技をプレーさせる中から自主性を創造させるようにマネジメントをしている。それが、マルチスポーツの政策的メリットだといわれている。

アメリカの研究では、体罰等が社会問題化していた時代に「一つの競技だけではなく他の競技のチームメイトと時間を過ごさせることが、暴力死亡事件等のリスクマネジメントにもなる」という考え方でシーズン制、マルチスポーツが導入された説があるようだ。

「継続すること」に重きを置いてしまった日本の学校教育

なぜ日本は海外と比べて部活動がこれほどまでに特殊な活動形態になってしまったのだろうか。マルチスポーツが政策的に採用されなかった理由を探ってみよう。

1980年代に日本の全国民は「ジャパンアズナンバーワン」という言葉に誇りを持ち、経済絶頂期に工場モデルを成功体験としてきた。この成功体験が日本のスポーツ界における教育でも大きな影響をもたらすことになる。

この当時の社会では、探究する思考力は求められず、製造業を中心とした多くの労働者たちが工場モデルで育成され「一つのことをしっかりやり遂げる」という方法で、学校教育の現場でも運動部活動がその一翼を担っていた。

当時の日本を振り返り、製造業が威力を増す頃の工場モデルが学校運動部と密接に関係している史実の研究を概観してみる。

学校から職業への移行を扱う論文によると、東原文郎氏（２００８）は「高校段階では、社会一般的に職業選抜機能が学校に内属するという状況において、運動部活動に継続的に参加することが学校での『正しい生活』として位置付けられていた」ことを論じている。学校の教師は企業側の目を持って生徒指導に当たり、また生徒もこの論理を内面化して就職を有利に進めようとした結果、体育会系（部活動参加者の美化した表現として「体育会系」とする流れ）神話が存在し得たことも推察している。

また同論文によると、日本が高度経済成長期の80年代初期に社会学者で英オックスフォード大学教授の苅谷剛彦氏（１９９１）は「職業への移行（transition）」メカニズムを実証的に描き出している。それによれば、少なくとも80年代の高校においては、高卒の「望ましい就職」に「運動部活動の継続経験」がプラスに作用するという概念が、学生・教師といった当事者たちに共有されていたこと。さらに、当時の日本の雇用慣行は「年功序列賃金」「企業内組合」「終身雇用制度」を旗印とする日本的経営が、世界的にも理想的な雇用スタイルとして広く認知されるようになり、「高卒就業が一生を決める」という概念が当時の人々を支配したものと類推することができると述べている。

複数のスポーツをする文化が根付かなかった理由

東原氏の論文によれば、当時の買い手市場にあった生徒たちは学校での生活全般をより正しいものにしようとしていたことを述べ、さらに強調している点は「こうした買い手市場において、就職に決定的な影響力を持ったのが『学校』だったことである」と記録している。

当時の日本青少年研究所の調査（1984）によれば「日本の高校生の場合、8割近くが学校の就職指導を通じて職探しをした」という事実に加え、オックスフォード大学の苅谷氏の「教育と経済のパラドックス」では高卒者就職の日本的メカニズムを支える次の3つの制度的環境が影響したと述べている。

(1)高校生個人への求人活動の制限や就職試験解禁日の設定などの求人
＝採用活動を規制する制度的取り決め
(2)「一人一社主義」と呼ばれる生徒の推薦方法

⑶高校と企業とが取り結ぶ「実績関係」

このメカニズムの詳細は割愛するが、東原氏は⑶の「実績関係」について「生徒Aが学校Bから企業Cに就職し、企業BがAを良質の労働力として評価できた（簡単にやめたりせず、マジメに、上司のいうことを聞いて働いた）場合、BからCへの労働力供給がその『実績＝信頼』を理由に継続的に行われることを意味する。この実績関係は⑴や⑵を付随させるようになる。一般的に、好況時には企業から求人数が増えるため、学校が生徒を複数の企業に推薦して複数に内定してしまった場合、一社以外の信頼＝実績を裏切らなければならなくなる。実績関係がなくなると、不況時に生徒の就職口を確保できなくなる学校側は、これを防ぐために内定が決まるまでは生徒一人に一つの就職先しか推薦しないという⑵『一人一社主義』をとる。要するに、これらの制度は、企業にとっては良質の労働力の安定供給を、学校側にとっては生徒の就職口の安定供給を可能にするのである」と論じているのだ。

そして苅谷氏の説明では「実績関係の下で繰り広げられる『一人一社主義』に基づく校内推薦制度が、学校内での生活指導面にも影響力を行使する」と述べ、言い換えると「先生が職業生活への移行の鍵を握っているがため、先生と共にいる時間は正しく行動せざるを得ないということである。故に80年代初期当時、学校での正しい生活の一指標たる『3

年間部活動を続ける』、『運動部や文化部で熱心に活動した』の値は高かった」と記録されている。

こういった史実から考察すると、採用する企業側の思惑が学校の部活動と密接に関係していたこともわかるが、なによりも「3年間同じ部活で頑張る」というスポーツ慣習が強く根付いてしまい、海外のスポーツ先進国では当たり前のように取り組むマルチスポーツとは無縁の国になってしまったのだろう。

日本は中学生年代で「複数スポーツ」をする機会を失っている

ニュージーランドが作成したマルチスポーツに関するガイドライン「A GUIDE TO UNDERSTANDING SPECIALISATION, PLAYING MULTIPLE SPORTS, AND TRAINING LOAD」によると、幼少期から高校生までの競技経験数が日本人中学生年代と驚くほど違うことがわかる。

このガイドラインでは、ハイパフォーマンス・スポーツ・ニュージーランド（HPSNZ）の調査結果が掲載されており、プレ・ハイパフォーマンスネットワークのアスリート（オリンピックやワールドカップなどの頂点に立つまでに8～12年かかると予測されるアスリート）は、次のような競技経験であったことが報告された。

【ニュージーランド】

・Their point of specialisation at 15 years and 5 months.
＝一つの競技に専念（特化）した年齢は平均「15歳5ヵ月」

・They participated in 5.5 sports at primary school.
＝小学校では平均「5・5種目」のスポーツに参加した

・They participated in 3.1 sports at secondary school.
＝中学校では平均「3・1種目」のスポーツに参加した

・They participated in 1.9 sports post- secondary school.
＝中学卒業後に参加したスポーツは平均「1・9種目」だった

この数字を見て、我々が一番注目するべきところは「中学校で平均3・1種目のスポーツに参加した」ということだ。

実はこの数字は経済事情や教育制度も違うスポーツ大国のアメリカでも同じような結果が出ている。アメリカ・オリンピック委員会が行った調査によると、71％のアメリカ五輪代表選手が複数のスポーツ経験を中学生、高校生年代に持っていたことが報告されている。

調査項目がニュージーランドとは多少違うが、十分参考になりうる。

【アメリカ】
・10歳以下では平均「3・11種目」
・10歳～14歳では平均「2・99種目」
・15歳～18歳では平均「2・20種目」
・19歳～22歳では平均「1・27種目」

（出典：the Aspen Institute）

ニュージーランドの小学生が、平均「5・5種目」のスポーツに参加している数字は驚くが、アメリカの10歳以下平均「3・11種目」は、日本の子どもたちと大きな差はないかもしれない。なぜなら、日本の小学生年代は習い事をすることが当たり前になっているため、習い事の中に「するスポーツ」は多く入っている。つまり、小学生年代は海外とそんなに差はないといえる。

近年でいえば、東京五輪から正式種目になったアーバンスポーツのスケートボードやボルダリング。体操、ダンス、水泳が安定して人気となり、武道系の柔道、剣道、空手、そして昔から多くの子どもたちが所属するスポーツ少年団系の学童野球、サッカー、バスケットボール、バレーボールがあげられる。

日本は歴史的にもスポーツ少年団という政策があり、小学校の体育館などを活用したスポーツ展開は安価で身近な場所でさまざまな種目を体験できるようになっていた。にもかかわらず、スポーツが盛んな先進諸外国と比較すると、日本では中学生から急に「一つに絞る」、つまり早期専門化が始まるのだ。

なぜ中学部活がマルチスポーツになるべきなのか

北海道や東北地方の出身者に目を向けるとマルチスポーツプレイヤーが多く、オリンピックで活躍するレベルのアスリートを輩出している。

日本人で有名なオリンピック出場選手のマルチスポーツプレイヤーだったのは橋本聖子氏（北海道／スピードスケートと自転車）、大菅小百合氏（同／スピードスケートと自転車）、平野歩夢氏（新潟県／スノーボードとスケートボード）らがいる。彼らは夏と冬の両方のオリンピックに出場した歴史的快挙といえるアスリートである。夏冬のダブル五輪出場選手数はアメリカ（7人）に次いで世界第2位（5人）である。

冬季オリンピックで毎大会メダルの争奪戦を制する北欧やドイツ、カナダなどを押し退けてアメリカに次いで2番目に夏冬五輪出場選手数が多いことはあまり知られていない。シーズン制部活動でもなく、マルチスポーツが政策的に定着していない日本でこのような選手たちを輩出していることにもっと注目すべきではないだろうか。

日本の中学部活がさまざまな競技経験を続けさせるシステムに切り替えるべき点は、もう一つある。中学校の部活はプロを目指す、もしくは五輪出場を目指す子どもたちを育成する教育機関ではなく、あくまでも「義務教育課程の中にある学校運動活動」であるからだ。学校の運動部こそが、子どもたちにスポーツを通じてさまざまな体験を提供するべき場所ではないだろうか。

義務教育なので、学校のスポーツ環境はかなり揃っている。他のスポーツ先進国の中でも日本の中学校はとても恵まれている。なによりもマルチスポーツになることで日本の伝統的競技である武道人口を増やすチャンスにもなるはずだ。

日本の中学校では武道が義務教育内に導入され、ほとんどの体育館には「武道場」が設置されている。日本の武道人口を復活させるためにも、中学生はサッカーやバスケットボールをやりながら「柔道部も兼部」できるようにすることが一つのアイデアとして考えられる。

いつのまにか「中学に入ると一つの競技に専念する」ことが当たり前になり、体育会系という歪な組織文化の中で修練することを正当化（美化）してしまい、部活を兼部することが許されていない上、海外の学校のように「季節ごとにするスポーツを変える＝シーズン制部活動」でもない。なぜ、日本人は世界一外国文化が好きな国であるはずなのに、スポーツの分野でこれほどまでに周回遅れの政策となっているのだろうか。

日本人の特徴を生かすには、マルチスポーツにこそ最適なヒントがあり探究すべきテーマであると考える。

マルチスポーツのメリットとは

ニュージーランドは、さまざまなスポーツに参加するマルチスポーツのメリットを国がイニシアチブをとって発信している。

(1) Increased skill, due to exposure to many different movement patterns and tactical problems. ――多くの異なる動作パターンや戦術的な問題（体験）に触れることにより、スキルが向上する。

(2) Increased psycho-social development, due to exposure to a variety of sport environments, which means exposure to different coaching styles, sport cultures,

etc. ──多様なスポーツ環境、つまりさまざまな指導スタイルやスポーツ文化に触れることにより、精神的・社会的な発達が促進される。

(3) Increased 'match efficacy' ──調和・適合力を向上させる。

（出典：www.balanceisbetter.org.nz）

(1)については、スポーツをする選手が違う競技からスキルや戦術的な思考を転移することができるため、特にトップアスリート、エリートパフォーマンスを追求するレベルになったとき、さらに効果的だと謳っている。

以前、私は『思考体力を鍛える』（あさ出版刊）の著者である東京大学先端科学技術研究センターの西成活裕教授とマルチスポーツについて議論した際に「マルチスポーツは転移学習（transfer learning）に貢献する」とアドバイスをいただいた。英語で調べてみると、やはりマルチスポーツに関連する論文等で transfer skills の向上と出てきたわけだが、(1)は同等にそのメリットに値する。

(2)は、若い子どもや選手たちほど柔軟性があり、共感力を持っているため、さまざまなスポーツをさせることによって社会性の向上に貢献すると説明している。

(3) "match efficacy" という言葉が翻訳しにくいが、要するに多くのスポーツを試すこと、経験することで、自分に合った正しいスポーツは何かが見つけやすくなるということである。その子の生物的、社会的、心理的な人間構造の中でニーズにマッチしたスポーツを見つける可能性が高まるということは、スポーツを続ける子どもたちを社会がつくっていくことにつながる。

多様な動きと経験がもたらすマルチスポーツの価値

マルチスポーツはたしかに複数の「競技」を経験することだが、類似したスポーツとどのように向き合うべきかという議論もある。

まず、類似したスポーツとはサッカーとフットサル、ネットボール（日本人にはあまり馴染みがない競技だが英国系の国々で人気のスポーツ）とバスケットボール、ラグビー15人制とラグビー7人制（五輪種目などで採用されている競技）のことだ。

ニュージーランドでは、これらの類似したスポーツをマルチスポーツのメリットとして捉えるのは「多様な動き」の側面で不足すると注意喚起している。単純にマルチスポーツのメリットを鵜呑みにして「複数の競技をやれば良い」と誤解すると、よく似たスポーツ競技で同じような動きの量だけ倍増して傷害のリスクを増やすことになるからだ。

複数のスポーツをするということは、大人たちが正しい知識を持って初めて成立するため、子どもたちが触れるべきスポーツを適切に組み合わせることを考え、指導者・教育者・保護者目線では次のようなことを意識しておきたい。

- Different movement patterns ＝異なる動作パターン
- More broadly ＝より広い範囲で
- Different tactical challenges ＝異なる戦術的な課題に挑戦
- Different coaching philosophies Different cultural contexts and world- views
  ＝コーチング哲学の違い、文化的背景や世界観の違い

これら4つについては、世界的に活躍したトップアスリートたち、なかでもマルチスポーツプレーヤーだった選手たちがその重要性について発信している。

Jane Sixsmith

［ホッケーイギリス代表］
バルセロナ五輪 銅メダリスト

I tried various different sports as a child and thoroughly enjoyed them all. I didn't realize it at the time but this gave me strong basic movement skills, which helped me to develop as an international in hokey when I started to specialized in sport at the age of fifteen.

（子供の頃、多くの異なるスポーツを試し、その全てを楽しんできた。その時は気付かなかったけれど、この経験が基本的な動作スキルを私に与えてくれ、15歳になってホッケーを専門的にプレーするようになってから国際的な選手へと成長させてくれた）

Jordan Spieth ‖ ［ＰＧＡゴルファー］
メジャー優勝３回、２０１５年フェデックスカップ優勝

Until I was 12 or 13, I played more baseball than I did golf. I played also football, basketball and soccer. As a result, I learned how to be a teammate, learned how to fall in love with golf as a athlete who plays golf versus a golfer who tries to be an athlete.

（12か13歳になるまで、ゴルフよりも野球をやっていた。他にも、アメフト、バスケットボール、サッカーもね。それによって、よいチームメイトになる術を学び、アスリートになろうとしているゴルファーではなく、アスリートとしてゴルフを愛することを学んだんだ。）

Dabo Swinney ‖ ［クリムゾン大学アメリカンフットボールヘッドコーチ］
全米チャンピオン 2016&2018

I just think that the cross-training, the different types of caoching, the different types of locker rooms, the different enironments that you practice in, the different challenges — I think it developes a much more competitive, well-rounded type person.

（異なった種目を通してのトレーニング、異なるコーチングスタイル、異なるロッカールーム、異なる練習環境、異なるチャレンジ。これらはより競争力があり円熟した人間を育てると思う。）

John Savage

［ＵＣＬＡベースボールチームヘッドコーチ］
２０１３年全米チャンピオン、ＰＡＣ12チャンピオン

We are always looking for two-sport guys. They just appear to be able to adapt to situations a little quicker. The toughness they can bring is always a boost to the team concept. We've had some really good high school footbal/baseball players in our program.

（私たちは常に2つのスポーツを経験している選手を探している。彼らは異なるシチュエーションに少しだけ早く順応できる。彼らがもたらすタフネスは、いつもチームコンセプトの後押しとなっている。私たちのチームには高校時代にアメフトとベースボールを両方プレーした選手が何人かいるんだ。）

（出典：「TMG athletics × LTAD」中山佑介）

コラム

中学生年代でマルチスポーツをやっていた子は慢性障害の発生が少ない（日本人を対象にした調査結果）

論文著者：永野康治（日本女子体育大学）、大山 高（帝京大学）

Nagano, Y., & Oyama, T. (2023). Association of sports sampling and training frequency with injury among school-age athletes in Japan. Phys Sportsmed, 51(1), 20-26. doi:10.1080/00913847.2021.1973337
Nagano, Y., & Oyama, T. (2023). Early sport specialization trends and injuries in former high school athletes specialized in sports. Open Access J Sports Med, 14, 1-7. doi:10.2147/OAJSM.S385554

本書で述べてきたとおり、海外ではマルチスポーツの効果や早期専門化の弊害が注目されているが、我が国では学校で実施される体力テストでも子どもたちの「スポーツ実施状況」に関する研究は行われておらず、国民のどれほどの人が「マルチスポーツの経験」があるのかは不明な状態である。

そこで、小学校から高校までスポーツを継続した20歳から30歳代の男女120

0名にアンケート調査を行ってみたところ、複数競技を実施していた割合は小学生年代で41・1%、中学生年代で17・4%、高校生年代で8・9%であったことがわかった。

この調査結果からもわかるとおり、欧米における複数種目実施率は高校生年代でも70・5%あるのに対して、日本では小学生年代でも複数種目実施率が約40%(日本では水泳、ダンス、武道など「習い事スポーツ」が小学生時代にやる人が多いことが影響しているだろう)であり、中学生以降では急激に下がり非常に低いことが明らかとなった。

また、各年代における怪我との関連をみると、中学生年代に複数種目を実施している子たちは、高校生のときにオーバーユースによる怪我の危険性が34%も低いことが明らかとなった。

一方で、小学生年代における複数種目の実施は、週当たりの活動日数が多くなってしまい、同年代における急性の怪我、オーバーユースの怪我が共に多かったという結果も見られた。

これはそれぞれの種目が1年間を通じて活動することが多いため、複数種目を実施した場合、同時に複数の種目を行う環境になったことで活動日数が過剰となっていると考えられる。この点が、シーズン制が取り入れられている欧米とは異なり、日本ならではマルチスポーツのあり方を検討する必要があると考えている重要なポイントだ。

さらに、スポーツ種目をチーム種目(バレー、バスケ、サッカー、野球など)と個人種目(テニス、バドミントン、陸上、水泳など)に分けて比べると、小学生年代から高校年代まで同一種目のみを継続した早期専門化の割合は、チーム種目で33・6%、個人種目で19・2%であった。

この点も他国の結果とは異なり、チーム種目における早期専門化の割合が高いことが日本の特徴であるといえる。

また、チーム種目における早期専門化群は高校生年代になった際のオーバーユースによる怪我の割合が高く、同一種目のみを長期間継続することによる身体への負荷を注意すべきと考えられた。

マルチスポーツは我が国においては欧米ほど浸透しておらず、その弊害もみられる結果であったが、その背景には日本独特のスポーツ実施状況があることが推測された。そのため、日本においてマルチスポーツを普及させるためには、既存のスポーツ環境を見直す必要性があるといえる。

1 「するスポーツ」として探究するマルチスポーツ

マルチスポーツを正しく理解しないとどんなリスクがあるのか

日本では「通年で同じスポーツをやる」のが一般的だが、海外では春から夏にかけては野球、秋はサッカー、冬は屋内のバスケットボールやアイスホッケーなど季節ごとにやれる種目が変わる。子どもたちは1年間で3種類ほどのスポーツを約4ヵ月間プレーする仕組みだ。

「子どもたちには複数のスポーツを経験させるべきだ」というマルチスポーツ理論は、シーズン制が前提となっているが、日本では誤解されて、いくつものスポーツ競技を同時並行させている保護者たちが散見される。

幼い頃から一つの競技だけをすると、どうしても同じ動きを繰り返すことになり、より複雑な動きが要求される段階になると伸び悩む子が増えてしまう傾向がある。欧米では、同じ環境で同じ動作が繰り返し何度も続くとオーバーユースにつながり、慢性的な痛みを感じるようになるリスクが指摘されている。

マルチスポーツの意味を誤解して同時に複数のスポーツをやらせると、土日に長時間練習や複数の試合をやらせてしまい、子どもたちにとって大きな負担となるケースが発生する。本来、価値観の違う指導者に触れて考え方の多様性を学ぶはずが、それぞれの種目でパフォーマンスの向上を期待され、手を抜くとそのチームのコーチから注意されてしまうことになっては本末転倒である。多種目の競技を経験することは大切だが、同時並行で長時間身体を酷使し続けると、怪我などのリスクや体力・精神的負担は倍増してしまう懸念も生まれる。くれぐれもマルチスポーツの正しい認識が必要かつ肝要である。

学校部活の地域移行はマルチスポーツの観点からネガティブなのか

2020年9月、文部科学省「教師の働き方改革を考える会議」で、公立中高における休日の部活動を地域や民間団体に委託し、教員の関与を「希望者のみ」とすると発表された。2023年以降、段階的に中学校の運動部活動が地域のクラブチームへ移行されるこの改革は、マルチスポーツの観点からいえば悪いことではない。むしろ、マルチスポーツの実践が整う良いタイミングだと認識する。

シーズン制が導入されている海外に比べ、日本の部活動がいきなりシーズン制になるのは難しいが、小学校や中学校の義務教育機関では地域移行の際に、学校は「さまざまなスポーツ経験をさせる場」とし、地域のクラブチームは「専門指導者たちによる競技スキルを高める場」にすることも考えられる。なぜなら、これまで学校部活の指導者は担当する部活の競技を必ずしも経験している教員ではないからだ。この状態だと、子どもたちがやりたいスポーツと先生が教えられるスポーツのミスマッチが永遠と続く。

他方、専門的に指導法を学んでいる人材が多いクラブチームでは、「メインスポーツにしたい競技」をスキル面で向上させられる可能性は学校よりも高くなる。プロテニスの大坂なおみ選手がアメフトのボールを投げたり、プロ野球の山本由伸選手が槍投げを用いた練習を自主的にやっているが、今後はこういった選手たちや指導者が増えてくる。

さまざまな競技の特性を活かした楽しみ方、練習の仕方を「クロストレーニング」と前述したが、こうしたマルチスポーツ指導法は専門性が高い指導者が揃う地域のクラブチームが担っていくべきだろう。その競技の動きの応用を熟知しているコーチからスキルを学び、地域のクラブチームが学校側と家庭側との情報交換を積極的に行えばクロストレーニングは実現する。

例えば野球を得意とする子が学校の部活では陸上部に（槍投げや走力アップの練習をする場として）所属しながら、メインスポーツの野球は地域のクラブチームでプレーして、指導者同士が連携（情報交換）すれば、野球のクラブチームでは陸上部で練習している内容をわざわざ二重に負担させることも起きない。つまり、練習時間の効率化にもつながるはずだ。

クラブチームが多くの子どもたちを受け入れるには「場所の問題」や「指導者のコストの問題」があり、家計的には「用具代が倍以上にかかる」とか「クラブの月謝が高くなる」など保護者も負担が大きくなってしまうため、学校部活と地域のクラブチームが協働することがいずれにせよ必須となるだろう。コスト面に関しては、マルチスポーツの諸外国でも同様の問題が起きている。日本でも学校の運動部活動が地域クラブへ移行していくと、同じような問題が起きてくるかもしれない。

一つの競技に専念する練習時間とスキル向上は比例するのか

フロリダ州立大学心理学部教授のアンダース・エリクソンが「何事も超一流になるには

1万時間を要する」(1993年)という論文を世に出して以降、日本スポーツ界では1日3時間のトレーニングを約10年間、計1万時間する〝熟達のルール〟が部活の指導者たちの間に浸透していく。

しかし、近年では「練習時間だけではなく、ある練習方法が、超一流とそうでない人を分ける」という考え方が世界中で広まりはじめた。ジョセフ・ベイカー&ジャン・コテ(クイーンズ大学スポーツ心理学教授)は、オーストラリア代表選手の中でネットボール、バスケットボール、陸上ホッケー選手を対象に調査した結果、「代表レベルに達するまでに平均13年間をかけて4000時間の練習をしていた」(2003)と報告しており、エリクソンが提唱する法則に反論している。

さらに『事典 発育・成熟・運動』(大修館書店)の著者ロバート・M・マリーナは、NCAA(全米大学体育協会)1部所属のアスリートで幼少期から大学まで単一種目だけをプレーした経験者は17%しかいないと指摘した。

日本では一つの競技に専念させ(特に中学生から)、膨大な時間を練習に費やしている。もし練習時間とスキルが比例するのであれば、日本人は五輪やW杯レベルの国際大会で大活躍しているはずだ。つまり、日本が世界で活躍する秘策は「もっと違うスポーツをやってみなよ」と言える大人たちが増えることなのかもしれない。

「楽しく遊ばせること」がどんなメリットをもたらすのか

運動ができる・できないを大きく左右するのは「動きの経験値」である。そして、スポーツをする最大のメリットは「運動有能感が発達する」ことだ。世間的にはまだ聞きなれない「運動有能感」とマルチスポーツの関係性について理解する必要がある。

運動有能感とは、運動をやることによって得られる成功体験や、「何事もやればできそうだ」という自信を強く持つ力のこと。これは運動体験を通して育成されやすいといわれ、東京学芸大学の杉原隆教授による園児を対象とした研究発表では、運動有能感が高い子たちは、協調性、積極性、自信、自立心、忍耐力などの能力が高いことを明らかにしている。さらに、運動有能感を養成するにはボールなどの道具を使った「スキル習得重視のスポーツ競技」ではなく「とにかく楽しく遊ばせる」ことだという。

運動やスポーツが上手な子どもたちに共通するのは幼少期に「楽しく遊びながら全身運動した経験が豊富＝基礎体力・運動能力が向上している」ことである。そして、基礎体力・運動能力が高い子たちはすべからく「即座の習得力」を持っており、初めての経験でも工夫しながら短時間で習得できる力、いわゆる高度な運動センスが身についている。

人間は身体を通して何かを見たり、聞いたり、触ったりすることで自分を認識している。つまり思うままに動けるということは、生きる上で必要な運動有能感（自由に動かせるという自信）につながっている。

身体の動かし方についての教育が盛んで、幼少期から複数の競技を積極的に勧める諸外国に比べて、より良く自分の身体を動かせるコツやカンを体育の授業で習得させる機会は日本では多くない。

筑波大学の新竹優子先生（元北京・ロンドン五輪女子体操競技日本代表選手）は、「体育ではスポーツのルールを知識として得ることも大事だが、授業内容は健康の保持と体力向上を第一義とするものではなく、目標とする運動課題、各種スポーツの競技が『できる』という確信を得られるようにするプロセスが重要である」と述べている。

健康や体力向上のためにスポーツをする、心身のリフレッシュのためにスポーツをする等、目的がどうであれ「できる＝有能感」を子どもたちが得るには、スポーツ固有の動き方を習得しなければならない。その「動き方」を本来であれば体育の授業で学習すべきだと考える。

学校教育の現場では「体力向上・筋力増加」という点に課題意識を傾注しているように思われる。早稲田大学スポーツ科学研究センターの梶将徳先生は、従来の「子どもの体力運動能力は、時間や回数、距離などを測定し、数量的に捉えている」という点を改め、学校教育では「動きの質」を上げていくことが重要であると指摘する。

単に校庭で走らせてタイムの優劣を競うのではなく、走り方や投げ方、声の出し方（なぜ砲丸投げや槍投げ選手が投げるときに大声を出すのか）といった動きの質も指導しなければ生徒全体の運動有能感は向上しない。

日本の体育では、動作に関する指導が軽視されやすいと梶氏は言う。近年では、子どもたちに人気となっている「走り方講座」や「ランニング教室」が学校教育の外で行われているが、学校では適切な動き方を身につけさせるような授業を行っていないことがわかる。

さまざまな種目を幼少期から経験させる海外では、体育教師や指導者たちが「クロストレーニング」という動作の運動学習を推進しているため、例えばアメフトのボールをいかに遠くへ投げられるかではなく、野球、バドミントン、テニスの投げ方と同じ動作となるコツとカンを指導する。大坂なおみ選手らプロテニスプレイヤーたちが試合前にアメフトボールを投げて練習している姿はこういった学習を経て身につけたものだ。

サッカーの指導に関しても「腕を大きく振る」という上半身の動作が「蹴る」や「ドリブル」のスキルに連動していることを教えてあげるべきだろう。

できる・できないといった運動技能が可視化されてしまい、かえって運動嫌いな子どもをつくり出す日本では、マルチスポーツ教育を浸透させることで〝コツやカン〟を会得させ、スポーツへの興味や関心が高められるような指導が必要だと思われる。

遊びまくることで基礎体力・運動能力は向上するのか

いわきスポーツクラブアカデミーアドバイザーの小俣よしのぶ氏は『「スポーツ万能」な子どもの育て方』（竹書房刊）で、基礎体力・運動能力を高める必要性を謳っている。同書ではスポーツが万能になるための育成では「36の基礎運動」が重要なポイントとなり、トレーニングではなく、むしろ「遊びまくる」ことで身につく能力を向上させるべきだと述べている。ぶつからないように相手を避ける、走って跳ぶ、起き上がってから走って回る（でんぐり返し等）などの運動が基本となり、これらの運動が上手にできるようになってから四肢を巧みに使う「細かい運動」をさせる。ここが小俣氏の指摘するポイントだ。

ボールやバットなどの道具を使った運動は難しい（細かい）動きになるため、姿勢と重心の運動が基礎となる。つまり、運動が上手になるための前提条件となる「姿勢の教育」と「重心の教育」を省いて、いきなりボールなどを使った練習をさせると偏った感覚を養ってしまう。

「やり抜く力」とマルチスポーツは関連性があるのか

既述したとおり、運動有能感の育成は非常に重要である。そして、この有能感はさまざまな「経験値」から得られ、基礎体力・運動能力は多様な「動き」から習得される。スポーツに限らず、人生における「できるかどうかわからないけど、やってみれば何とかなりそうだ！」というチャレンジ精神の醸成につながる研究は、近年アメリカの教育界で特に重視されている。人々が成功し偉業を達成するには才能よりも〝GRIT（グリット＝やり抜く力）〟が重要であると科学的に論証したペンシルベニア大学のダックワース教授の理論と重なる。

既に30ヵ国以上で読まれている『やり抜く力』（アンジェラ・ダックワース著／神崎朗子訳　ダイヤモンド社刊）はアメリカ社会でも幅広く支持され、オバマ大統領（当時）も演説の中で「やり抜く力」をたびたび強調し、グーグル社の人事部では「やり抜く力の強い人材」を積極的に採用していると公表するほどだ。

マルチスポーツの観点からすると、幼少期から青少年期の成長段階で複数のスポーツチームに所属することが当たり前のアメリカでは運動有能感が自然と養成されるのかもしれない。

「やり抜く力」とマルチスポーツの関係性は、さらに研究していけば日本人がまだ気づいていないスポーツの価値向上につながると確信する。

なぜ武道が欧州のサッカー選手に人気なのか

２００６年の「教育基本法」の改正により「伝統と文化を尊重し、それらを育んできた我が国と郷土を愛するとともに、他国を尊重し、国際社会の平和と発展に寄与する態度を養うこと」が盛り込まれ、２０１２年より武道が中学校で必修化された。

サッカー王国オランダの名門で強豪クラブの「アヤックス」では、子どもたちにサッカー技能のスキル向上を求めていない。練習量の40%がサッカー以外の運動によって費やされていて、その運動プログラムの中心的存在が柔道だ。

フランス代表のレジェンド的存在のジネディーヌ・ジダン氏が幼い頃に柔道場に通っていた話は有名で、ベルギー代表のエデン・アザール選手も柔道を習っていた。欧州主要リーグで何度も得点王に輝き、スウェーデン代表として最多得点記録保持者のズラタン・イブラヒモビッチ選手は韓国武術のテコンドーを長年やっていた。

「空手をやってよかった！」と公言しているのは、イングランドのアーセナルＦＣで活躍していたマテオ・ゲントゥージ選手だ。欧州では武道系競技は日本人が感じるより身近なスポーツと考えているようだ。

私が「武道経験は野球やサッカーのスキル習得に有効なのではないか？」と考えたのは、取材する指導者から「武道をやっている子は何かが違う」という話を頻繁に聞くようになったからだ。

ブラジル代表のネイマール選手を発掘した指導者が埼玉県内の某サッカークラブに来たとき一人のサッカー少年に注目し、その子の特徴を見抜いたという。レギュラークラスではなかったにもかかわらず「彼はすごい」と絶賛したのである。少年は合気道日本一のキャリアだった。

「プロ野球の松井秀喜選手が柔道の石川県強化指定選手」だったことを東京・府中市内の某ミニバスケットボールクラブの指導者に話したところ「同じ小学校の剣道クラブに所属している子が他の子と明らかにバスケのスキルが違った」という反応があった。

日本には地域の体育館で学べる武道系学童スポーツはたくさん存在し、小学生時代に武道を経験している子は意外に多い。にもかかわらず中学生になると「所属できる部活が一つ」になってしまうため、武道系部活動から一気に離れてしまう傾向がある。

武道が必修化となり、環境も整備された。武道系部活動が同時並行的に所属できるマルチスポーツ的環境、あるいはシーズン制を導入した部活動に変われば、日本人らしい育成年代の「武道経験者の普及」を実現できる。我が国独自のスポーツ立国に導くヒントとなり、武道というキラーコンテンツによって一歩前進できるのではと期待する。

幼少期から空手を習う外国人は多い

外国人からの人気が高い剣道

2

「観るスポーツ」として探究するマルチスポーツ

日本人が好きなスポーツ観戦は何か

日本貿易振興機構サービス産業部の調査によると、2017年の全米のスポーツ産業における市場規模は5199億ドル（約58兆2288億円＝1ドル112円）といわれ、世界市場の3分の1を占める。これは世界の興行収入の合算が406億ドル（約4兆5472億円）といわれる映画産業をはるかにしのぐ。

一方、我が国のスポーツ関連市場を2025年には15兆円まで拡大させることが「日本再興戦略2016」の掲げる目標だ（2012年時点で5・5兆円）。市場がまだ伸びていない大学スポーツなどのアマチュアスポーツの高付加価値化も含めて試算している。

日本では長らく「するスポーツ」も「観るスポーツ」も野球が牛耳っていた時代がある。

特に男の子は物心がつく頃から公園でキャッチボールを楽しみ、中学校の野球部には何十人も集まった。高校では部員が100人を超える学校もあり、試合に出られる選手の数は限られているので「3年間補欠」という部員が少なくなかった。

かつてPL学園高校で清原和博選手とのKKコンビで夏の甲子園大会を2度制した桑田真澄氏は「日本で野球人口が減っているという認識は間違ってはいないが、正常な競技人口になっただけで、むしろ最適化されたのではないか」と述べており、我が国の野球人気の一極集中は異常だったと指摘する。

アメリカも日本同様に野球好きが多い。しかし、巨大なスポーツ産業を誇るアメリカは、野球を本格的にやらなかった子どもたちでもメジャーリーグ（MLB）を多く観戦しているという点で日本とは違う。

既に紹介したが、アメリカなどの国は小学生から人気競技の部活に入るにはチームのセレクションを受け、合格すると好きな種目（チーム）に参加できる。この学校教育におけるセレクション制度によって多大なメリットがもたらされる。補欠がいなくなることはもちろん、さまざまなスポーツに「出会う機会」を与えられているのだ。

近年ではプロ野球も地上波での放送は激減し、人気スポーツとして急成長を遂げたサッカーも日本代表戦（ホーム）を除いては民放で放送されなくなってきた。スポーツの試合は有料放送のＤＡＺＮやＪ　ＳＰＯＲＴＳなどの有料放送にシフトしている。前述のプロ野球や日本代表のアウェイ戦は民放ではなく、有料放送でしか観られず「お金がないとスポーツ観戦できない」という時代に突入した。

もっとも、ＤＡＺＮのようなインターネット有料放送にスポーツ視聴者が集まることはデメリットだけではない。Ｊリーグを例にあげると、ＤＡＺＮ（英パフォーム社）は10年間で２１００億円もの放映権料をＪリーグに支払っている。この規模の放映権はこれまで日本の放送局は払えていない。またＤＡＺＮは国内外の数十種類ものスポーツ競技を放送しており、Ｊリーグの他、プロ野球やレスリング、ラグビー、ダーツといった多種目の試合も観戦できるようになっている。

当然のことだが、ルールのわからないスポーツをわざわざ観戦する人は少ない。「競技経験が多くなればテレビで観戦する機会が増える」ということは多くの研究結果で明らかになっている。

日本の子どもたちが幼少期からさまざまな競技経験を持てるような仕組みづくりになれば、今後のスポーツ観戦者の需要を大きく喚起することになる。つまり、私が提唱するマルチスポーツの普及は「観るスポーツ」の市場拡大にもつながっていくのである。

スポーツを「観る」行動は「する」につながるのか

文部科学大臣が定めるスポーツに関する重要な指針となる「スポーツ基本計画」は、「スポーツは『する』『みる』『ささえる』というさまざまな形での『自発的な』参画を通して、人々が感じる『楽しさ』や『喜び』に本質を持つもの（Well-being の考え方にもつながる）」と定義している。

笹川スポーツ財団スポーツ政策研究所の藤岡成美氏によれば、青少年を対象とした我が国のスポーツ政策では、運動習慣の確立や体力向上等の「するスポーツ」に主眼が置かれているると指摘する。

新型コロナウイルスの影響もあって、我が国のスポーツ市場は好転していない。マクロミルと三菱ＵＦＪリサーチ＆コンサルティング社の共同調査（２０２１年10月発表）によると、２０２０年度のスポーツ活動への参加にかかる支出（スポーツのスタジアム観戦、スポーツ用品の購入、スポーツ施設利用、会費・スクール料など）を対象としたスポーツ参加市場規模は１兆９１２億円で、前年より32％減少した。

「みる＝観戦」という行動は「する」や「ささえる」のスポーツ市場拡大に相関関係があ

る。例えば、東京五輪でスケートボードの堀米雄斗選手が金メダル、冬季北京五輪で平野歩夢選手がスノーボードで金メダルを獲得すれば日本中のボードショップから関連商品があっという間に売れて消えてしまう。ラグビーW杯で日本代表が奮闘した2019年には地域のラグビースクール会員が激増した。こうした現象は「みる」が「する」につながっていることを証明している。

観戦人口が多いスポーツほど参加する人口も多くなるのか

笹川スポーツ財団の「青少年のスポーツ観戦に関する調査」によると、ある種目を行う人は同じ種目を観戦していることが多いという。実際に、青少年のスポーツを「みるのみ」と答えたのは全体のわずか2・5%に過ぎない。「する」と「みる」の子どもは29・5%となった。

観戦競技の上位にあがってくる種目が、実施する種目としても上位にあがることが多く、観戦種目と実施種目が一致している傾向が強い。

また、イラン・テヘラン大学によると、テヘラン市内にあるアリーナ、スタジアム等でバスケットボール、ハンドボール、バレーボールの試合等を観に行った384人の観戦者

（平均年齢は27歳、男女比は同数）を対象に、「みるスポーツ」と「するスポーツ（観戦者たちの身体活動）」の関係を調査した結果、スポーツ観戦とその観戦者たちの身体活動に相関関係があることが明かされた。つまり、スポーツ観戦者数が多いほど「するスポーツ」への参加数も多いということだ。

「みる」を向上させていく一つのアイデアとしてマルチスポーツという考え方は外せない。海外の子どもたちのように幼少期から中学、高校そして大学までさまざまな競技を体験させ、決して一つに絞らせない施策の推進が重要だ。

まずは、学校運動部活動の兼部、地域クラブとの掛け持ち活動を許容すること。そして、子どもたちが「やってみたい」と考える機会を増やし、少しでも多くの競技経験を積めば「スポーツの観戦動機」は確実に増える。

「観るスポーツ」市場拡大の施策としてのマルチスポーツの推進は、将来のスポーツ大国ニッポンにつながる。

3

「支えるスポーツ」として探究するマルチスポーツ

英サッカー協会にはなぜサッカー門外漢のアドバイザーが多いのか

マルチスポーツとは「複数の競技を行う」という意味で浸透しているが、マルチスポーツを経営学の組織行動論や人的資源管理論の視点で考察する研究は日本では少ない。

マルチスポーツが「するスポーツ」の角度から論じられると、多くの日本人が「それは無理だ」と断言する。しかし「支えるスポーツ」の立場から見れば、複数の競技種目の選手や指導者、チーム経営者たちがさまざまな知見をもってマルチタスクを遂行できる組織づくりは大きな効果を生む。つまり、マルチスポーツとはダイバーシティ論も含まれていることを忘れてはならない。

イギリスの元卓球選手でジャーナリストのマシュー・サイド氏の著書『多様性の科学〜

画一的で凋落する組織、複数の視点で問題を解決する組織』（ディスカヴァー・トゥエンティワン刊）の中にＦＡ（イングランドのサッカーを統括する国内競技連盟）の技術諮問委員会メンバーの逸話が詳細に記されている。

サッカー発祥の地イングランドのＦＡは、Ｗ杯でも欧州選手権でも50年以上優勝できていない課題を抱えていた。Ｗ杯で勝つためのチームづくりを検討する技術諮問委員会が２０１６年に設立され、招聘メンバーはマシュー・サイド（元卓球イギリス代表選手）、マノジ・バデール氏（インド系イギリス人のＩＴ起業家）、スー・キャンベル氏（五輪の競技団体に資金援助などを行う政府機関「ＵＫスポーツ」の元会長）、スチュアート・ランカスター氏（元ラグビーイングランド代表ヘッドコーチ）他で、サッカー関係者はわずか一人だけ。ほとんどは門外漢であったことから英国メディア「タイムズ」などは強く批判した。

しかしサイド氏によれば、現イングランド代表監督のガレス・サウスゲート氏に助言をする立場の技術諮問委員会が画一的組織に凋落するリスクをこう語っている。

「サッカー界の重鎮の知識は、例え何人いてもサッカー界の互いに重なり合う部分が多く、ものの見方や考え方の枠組みが似ている。その世界に〝長くいる人ならでは〟の固定概念にとらわれがちになり、サウスゲート監督にしても既に同じような知識を持っている。そのような状況下では、互いの意見に〝同調し合うばかり〟で、潜在的にあった固定概念をより強固にしてしまう」と述べている。つまり画一的な組織では〝盲点〟が重なってしまうというのだ。

「多様性を科学することが大事」だと唱える同氏は、多様性に富んだ人々が集まれば、根本的に異なる意見が出る。元ラグビー代表監督のランカスターは、国際大会に向けた選手の選抜方法を提案し、プロ自転車のＧＭは食事と運動の改善に関して膨大なデータの検証方法をアドバイスしている。

各メンバーは自身の経験から導き出すアイデアを、競技種目や業種、性別や年齢などの垣根を越えて堂々と発言できる。日本では上下関係を大事にする文化があり、ディスカッションがやりにくい。特にスポーツ界では「体育会系」という独特な文化もあり、さらに難しい。そんな国だからこそ、マルチスポーツという観点から多様性を具現化したＦＡの取り組みは大いに参考になると思う。

「両利きの経営」とマルチスポーツの共通点は何か

「両利きの経営」とは世界的な経営学者であるスタンフォード大学のチャールズ・オライ

リー教授とハーバード大学のマイケル・タッシュマン教授が唱えた経営理論だ。成熟した大企業や中堅企業がイノベーション（革新）を起こす上で、経営学において最も重要といわれている。

日本でも2019年に『両利きの経営』（入山章栄・渡部典子 訳／東洋経済新報社刊）が翻訳出版されて以来、多くの経営者たちの関心を集めている。同書のサブタイトルは日本語で「『二兎を追う』戦略が未来を切り拓く」と書かれており、スポーツにおける複数競技経験をあえて奨励するマルチスポーツの研究と類似している。「あえて二兎追わないといけない」という経営理論をマルチスポーツの観点から考えてみよう。

まず、変化に適応できない企業は、遅かれ早かれ新興企業から破壊的なイノベーションを受けて淘汰されてしまう。例えば、GAFAと呼ばれるアメリカのグーグル、アップル、メタ（旧Facebook）、アマゾンといった企業はその代表だ。彼らは主力事業を守りながら、過去にとらわれない新たな価値を創造してきた。

これまで圧倒的な地位を築いてきた日本企業が、なぜ世界で戦えなくなったのか。この問いに対して両利きの経営提唱者であるオライリー教授らと日本における共同研究者の加藤雅則氏の著書『両利きの組織をつくる』（英治出版社刊）の中で「成熟企業にとっての最大の壁は、自社の『組織カルチャー』なのだ」と述べている。つまり、企業理念や事業アイデア、戦略の有無ではなく「変わりたくても仕事のやり方が変わらない」という組織の中のジレンマに陥っているのだ。

「両利きの経営」とは、既存事業の「深掘り」と、新しい事業機会の「探索」を両立させる経営理論のことである。これを実践するのは簡単なことではない。

成熟した大企業の組織は高度に効率化され、防御的な組織になっていく。いわば「守りの経営」だ。守りの経営に必要な組織能力は、対極の「攻めの経営（新規事業、探索事業）」に適した人材と一緒に仕事をさせると水と油のような関係になってしまう。既存事業の中で培われた成功体験を持つ組織カルチャーが足枷になり、異なるやり方を許容する余裕がなく自らの組織カルチャーを打破できないからに他ならない。

「両利きの経営はマルチスポーツ・アプローチと類似している」と私が考えている理由は、両利きの経営は決して企業だけの組織論ではないと断言し、学校などの非営利団体も同様に考えられると述べているからだ。

学校を取り巻く部活動や企業の実業団レベルでも変革が求められている中、これらのスポーツ組織のカルチャーも「成功体験の罠」に陥っていないだろうか。むしろ、大企業よりも日本スポーツ界のほうが両利きの経営論が急務だと感じる。これまで培われてきた〝当たり前を脱する〟ことが、いかに難しいことか。

近い将来、スポーツにおける両利きの経営が一般化され、野球は野球だけをやるスポーツ組織から二兎追う戦略（複数競技をあえてやる海外の常識）で日本スポーツ界がグローバル化しなくてはならない。

かつての成功体験が両利きの経営の浸透を阻んでいる中、スポーツ組織も同様のことが考えられる。何十年も同じ組織体制で運営されている日本の地域クラブは既にガラパゴス化している。

なかでも典型的なのは練習時間の長さだ。野球やバスケットボール、サッカー、バレーボール等チームスポーツに限ると、チームの全体練習時間が異常に長い。さらに試合数の多さ、オフ期間の短さがグローバルスタンダードではないこと、それらがもたらす子どもへのリスクを指導者や保護者は認知していない。

サッカーの強豪国ドイツやスペイン、ラグビー王国ニュージーランドの子どもたちは、基本的に約2ヵ月間の休息をとることは既述した。例えば、アメリカの野球少年たちは年に4ヵ月しか野球をやらず、他のシーズンは野球の応用力を高めるアメフトやバスケのチームに所属してスポーツを楽しんでいる。

年がら年中野球をやっている日本では、時間数だけでいえば全員がメジャーで活躍できるレベルに到達している。

なぜチーム内で監督と保護者間の軋轢が生じるのか

学校部活や地域のクラブチーム、スポーツ少年団の組織でもトップが監督であることが多い日本では、常勝チームともなれば監督の発言力・影響力は強く、両利きの経営論でいえば既存事業の深掘りとなり守りに入る。打破するには、監督とは異なる別働隊をつくるのも一法だ。

深掘りの専門家である監督は既存事業（その競技の指導）に専念し、探索の部分は監督と同等の立場でさまざまな情報（時代の流れに合った画期的な取り組み等）を収集し、組織の変革アイデアや健全化（ガバナンス、コンプライアンスの強化）を推進する人材を併存させるのである。指導者には海外を見てスポーツ科学の見識を高める時間を創出してほしい。

日本の小学生年代のスポーツ環境は昔からお父さんたちがボランティアコーチとしてチームの指導に関わるケースが多い。指導者ライセンスの取得が義務付けられている諸外国（特にサッカー界）と比べ、指導者クオリティよりも保護者支援のマンパワーが重視され、指導者間の競争力は生まれにくい。よほど大きな問題を起こさない限りクビ（退任）になることもない。

チームの指導者と保護者との間でたびたび軋轢が生じるのは、組織が整っていないことに起因する。組織の経営管理を別の人材がやれば、保護者との対話も指導者が直接やる必要はなくなる。

オライリー教授が指摘するように成熟した大企業の組織は高度に効率化され、防御的な組織になっていく。その原因は異なるやり方を許容する隙間がなくなり、〝失敗できない〟という組織カルチャーになるからだ。

スポーツ組織における監督（指導者）は守りで良いが、攻めの部隊と併存して協働力を深化させていけば未来は開かれると思う。

なぜニュージーランドのスポーツ政策が注目されるのか

ニュージーランドのスポーツ政策が注目されている。ニュージーランドは人口500万人ほどの島国だが、世界有数のスポーツ先進国だ。海のF1と呼ばれる世界最古の国際ヨットレース・アメリカズカップでは優勝常連国である。そして、2016年のリオ五輪では18個のメダルを獲得し、人口比率で算出するメダル獲得率はなんと世界第2位（1位はジャマイカ)、東京五輪では同国史上最多となる20個を獲得して第1位となった国だ。

そのニュージーランドが今、国を挙げて「子ども・青少年スポーツの大改革」を推進している。スポーツ・ニュージーランド所属のスポーツ開発コンサルタント、アレックス・チエ氏の記事によると「ニュージーランドのスポーツ参加率は世界的に見ても下降傾向にある」というのだ。

活動的な若者が減っているということは、スポーツが持つ健康的で社会的な楽しさを最大限に享受できる子どもたちが減っているということ。この問題に対処するためには「現代の子どもたちのニーズに合った質の高い体験を提供し、スポーツをしたいと思うようにしなければならない」と提唱した。この記事はスポーツ・ニュージーランド公式サイトで2019年2月26日にリリースされたものである。

ニュージーランドでは、「ラグビーをまったくやらない」もしくは「ラグビーしかやらない」という二極化問題が深刻化しており、2019年にはノースハーバーラグビー連盟が若年層の(特に14歳以下のカテゴリー)選抜・代表チームを解散させると発表した。

ニュージーランドのスポーツ政策が世界的にも注目されるようになったのは、マルチスポーツを推奨する「Balance is Better」と呼ばれる子ども・青少年(ユース)スポーツの普及育成計画(「タレントプラン」と呼んでいる)が同国の主要競技団体によって国家レベルでコラボレーションすることになったからだ。

Balance is Betterとは「バランスがとれているほうが良い」という意味で、２０１６年にスポーツ・ニュージーランドがガイドラインを発表し、２０１９年9月に同国のスポーツを支える5つの主要競技団体（ラグビー、サッカー、クリケット、ネットボール、ホッケー）によってBalance is Betterを奨励する共同声明文が出された。

これらの5団体は「競争性を減らし」「より包括的で」「もっと楽しく」をテーマに定め、各競技の垣根を超えて協働することを誓った。

現在はさらにゴルフ、バドミントン、バレーボールなど10競技団体が加わり（２０２１年4月発表）、既存の競技構造の見直しと、早期専門化ではなくマルチスポーツを推奨する大改革が行われている。ちなみに、この動きはニュージーランドだけではなく、アメリカ、カナダ、ノルウェーなどオリンピックでメダルを多く獲得している国々でも同様に行われている。

4 なぜマルチスポーツは探究心を高められるのか

学校の主要科目の成績が良ければ人生は成功するのか

子どもの学力、つまり国語、算数（数学）、理科、社会といった認知能力を高める教育論は戦後から長年注目を浴びている。しかし、近年では日本でもＩＱや偏差値重視の認知能力教育から「非認知能力」に関心が移り変わりはじめている。きっかけは、ノーベル経済学賞を受賞したジェームズ・ヘックマン教授らが発表している「認知能力だけでなく、非認知能力が労働市場における成功に多大な影響を及ぼしている」ことを実証的に明らかにしたからだ。

非認知能力とは「協調力」「自己管理力」「統率力」「忍耐力」といった力を指す。子どもたちが学力向上に必要とされる「自制心」「探究心」「自己肯定感」などを重視した『心の教育』とも考えられており、スポーツから得られる体力・運動能力とも密接な関係が研究で明らかになっている。

非認知能力が高い子どもたちのほうが社会的ステータスを得て年収が高い傾向にあり「その非認知能力はその後の認知能力の発達を促したが、その逆は確認できなかった」という衝撃的な結果を意味し、全米では大きな教育改革に乗り出す要因となった。

一般的な学校における教育とは、認知能力の習得を重視する。これは、子どもたちが認知能力を高めることで、彼らの労働生産性を高める目的だと考えられる。事実、学校教育での主要科目の成績が良い子どもたちを対象とした研究の多くは、「人的資本投資として正しい方向に向かっているか」「将来に与える彼らの地位や賃金効果はあるのか」といった研究は非常に多く蓄積されている。

しかし、我々日本人は「そりゃ勉強すれば将来的な地位や年収は上がるでしょ」という学歴を偏重する価値観の〝非常識〟について今一度考え直さなくてはならない。

日本には文武両道という言葉は存在するが、実際は「勉強か、スポーツか」と分離させている。例えば、私が在職していたヴィッセル神戸ではサッカースクールに所属する小学生たちは高学年になると退会者が激増する。その理由の大半は「学習塾に通うため」だ。

しかし海外は違う。米国を中心に世界で主流となりつつある考え方は、子どもたちの認知能力を高めるためには非認知能力との関係性が密接に関わっているということが常識化している。つまり、学力を高めるためには「スポーツは続けないといけない（スポーツをやめたら学力が下がる）」という考え方が強くなっている。

「運動」と「学業」の相乗効果は証明されているのか

ノーベル経済学賞受賞者であるジェームズ・ヘックマン教授らの研究によって、近年では認知能力だけではなく、非認知能力が労働市場における成功に多大な影響を及ぼしていることが実証されていると前述したが、この種の研究はアメリカで50年も前の１９７０年代から始まっている。

例えば、１９７１年にアメリカの大学に入学した1年生を対象とした研究ではスティーブン・カーディルらが「大学の運動部に所属している学生の卒業率と年収」を10年越しで追跡調査を行った結果、男女ともに運動部に所属していた学生のほうが、そうではない学生よりも卒業率が高く（周知のとおり米国では一般的に入学するより卒業することが難しく、在学中の学力が重視されている）、男性に限定すると運動部に入っていなかった学生より年間取得単位が約４％も高いことがわかった。

ジョン・バロンらの研究では高校生を対象に研究を行い、運動部に所属していた学生と所属していなかった学生の学業達成度、進学率と年収について調査を行っている。この結果でも、運動部の学生のほうが学内の成績が良く、高校卒業後の教育年数も長く、卒業後の11年〜13年後の賃金が4・2〜14・8％も高かったことを実証している（『経済学者が語るスポーツの力』佐々木勝著／有斐閣刊）。

スポーツをする価値が、学業成績の向上と関係しているエビデンスは日本のスポーツ庁（ウェブ広報マガジン「デポルターレ」2019年）でも紹介されている。

アメリカのハーバード大学はオリンピック選手を200名以上輩出しており、オリンピック出場後に弁護士や医師になる人も珍しくない。カリフォルニア州の小・中学生を対象にした調査「カリフォルニア州の体力と学力の相関関係」によると、「運動能力が優れた子は学力テストの結果も同様にいい」という結果が出た。

イリノイ州で実施された別の研究「小学生の全身持久力と算数・読解テストの成績との関係（Hillman, C. H. et al.）」では、テスト中の子どもたちの脳波は運動後も活発だったという結果も出ている。これらの研究は、運動による刺激や体力の向上が、記憶や認知、論理的思考の構築や集中力と関係があることを示している。

スポーツにおける海外と日本が決定的に違うこととは何か

読者の中には、「日本人だって文武両道はいる」「スポーツをやれば勉強ができる子が育つと思っている」と考えている人も少なくはないだろう。

しかし、海外と比べて決定的に違うことがある。それは、マルチスポーツ文化の国であるかそうではないかだ。スポーツ体験による質と量が日本と海外では決定的に違うことを忘れてはいけない。正確にいえば、「子どもたちがスポーツを通じて経験する競技種目数と人の質と量に雲泥の差がある」ということだ。

非認知能力の向上は、たしかにスポーツ経験が大きな影響を与えている。そして学力にも大きく影響することも実証されてきた。しかし、我々日本人は海外の非認知能力の研究成果をただ鵜呑みにしてはいけない。彼らのスポーツ経験値は日本人の想像をはるかに超えるスポーツ環境で育っているからである。

学力向上に必要な非認知能力の一つに「自制心」がある。この場合、自制心というのは、先を見通して考え、行動する力を指す。非認知能力の自制心（見通し能力）に関する研究では、幼少期を対象にしたマシュマロ・テストと呼ばれるものが有名だ。自制心の有無を調べる心理テストで、4歳児の目の前にマシュマロを一つ置き、「15分間待てたらもう一つあげる」と言って大人が立ち去り、子どもが食べてしまうか、欲求を我慢できたどうかを測るテストだ。15分待てた子は学力が高いだけではなく、アメリカで注目されている前出の「GRIT（やり抜く力）」も非常に高い数値が出ている。

この自制心は言語能力とも密接に絡んでいる。「思ったことを何でも口に出す」、いわゆる5歳ぐらいまでの子どもの独り言のような状態を「外言」というが、発声を伴わないで心の中で一旦考えたり、整理してから言葉にする「内言化」が進むと思考力が高まるといわれている。専門家たちによれば、この内言化は言語能力の一つであり、言語能力がないと自制心は育めないとまでいわれている。

子どもたちにとって、携帯電話やポータブルゲーム機が身近にある時代で「誘惑に勝って勉強をする」ことは至難の技だ。今ここで遊ばずに宿題を終わらせたほうが後でこうなるからやる、という見通し能力は、自分で考え、自分で決める力のことを意味する。

日本で運動をする子どもたちは毎日のように長時間練習して思考力も体力も使い果たし、力尽きて帰ってくる。しかも、体育会系文化では自分で考える余裕すら与えない。本来、スポーツは精神的にも気晴らしになることで重宝されるものなのに、「部活vs誘惑」という状態が日常化してしまい、学校の勉強がどうしても二の次、三の次になってしまう。

長時間の練習&労働は「よく頑張っている」と評価するべきか

日本の未来を語る上で見過ごしてはいけない問題がもう一つある。それは「労働生産性」という観点だ。

日本の時間当たりの労働生産性は、OECD加盟の36ヵ国のうち、20位（公益財団法人日本生産本部「労働生産性の国際比較2018」）で主要先進国G7では最下位だ。簡単に言うと、国民がいくら働いても賃金や幸福度が上がらないという状態だ。

日本の正規雇用の社員の労働時間は、1990年代からほぼ変わっていない。立命館アジア太平洋大学（APU）の出口治明学長は「厚生労働省のデータを見ると、1700時間台に減っていますが、これは非正規雇用の社員を入れているからであって、正規雇用の社員はほぼずっと2000時間超です」（『知的生産術』出口治明著／日本実業出版社刊）と分析している。

同書の中では、労働時間が短い先進国のほうが経済成長率は高いことが指摘されている。人口動向や資源、化石燃料などがない（日本と条件が似通った）欧州圏の労働時間は約1300時間～1500時間で、年次有給休暇は30日（日本は有給休暇法定最低日数が10日）。

それなのに、ユーロ圏のほうが成長率は高いのである。

日本では製造業が中心となっていた産業構造の時代に、認知能力を高めればいいという学習スタイルが根付いた。そのため、長年主要科目の勉強のみに集中させたが、バブル経済崩壊後の「失われた30年」で明らかになったとおり、非認知能力を高める教育には完全に出遅れてしまった。

２０００年以降、インターネットの急速な普及により世界の産業構造は大きく変化し、米国グーグル、アマゾン、メタ（旧フェイスブック）、アップル、マイクロソフト社のような巨大ＩＴ企業が「情報サービス産業」を築き上げ、今ではこれら数社の株式時価総額だけで日本の国家予算を超えてしまう。世界時価総額ランキングでは上位30社の中に入っている日本企業はゼロ。世界競争力ランキングでは34位にまで落ち込んでいる。

世界の主流となった「情報サービス産業」で最も重要なことは「知の創造」だ。新しいアイデアをスピーディに創っていく力が求められる。特に日本は少子高齢化の問題（日本は世界で一番高齢化が進んでいる国）があり、高齢化に伴うコストはこれから莫大にかかることになる。２０３０年には国民の３分の１近くを65歳以上の高齢者が占める国となり「団塊の世代」が80歳を超えるなど高齢化が一段と深化する。社会保障制度を支える生産年齢人口（15歳～64歳）の割合は６割以下にまで減少するため、労働生産力を高めないかぎり日本経済は成り立たないことになる。

日本はいまだに製造業主流時代の働き方から脱却できずにいる。それが情報サービス産業に乗り遅れた最大の原因だ。長時間労働は当たり前、仕事が終わったにもかかわらず上司が帰るまでは会社に残っている、といった奇異な慣習が続く。企業だけではなく、学校の運動部活動も同様だ。

なぜアメリカでは超難関大学生のほうが五輪メダリストになれるのか

私が住んでいたニュージーランドでも日本でいう大学入学共通テストはあるのだが、日本のように主要科目を受験する方式ではなく、体育や音楽なども総合得点に加算される。つまり選択肢が多い。これは、海外の教育では主流となっている。非認知能力を高める重要な要素としてあげられる、子どもたちの「得意」「好き」という〝自己肯定感〟を重視している教育の象徴である。

子どもたちは本来、自由に体を動かしたり、絵を描いたり、歌ったりすることが大好きで、彼らは人間が大好きな身体活動を通して心を育んできている。だが、本来楽しんできた「身体を動かすこと」が体育で運動能力が可視化されることで子どもたちの自由な動きが奪われ、その結果、体育や部活が嫌いになっていくとしたら本末転倒というほかない。

マルチスポーツという考え方で部活動をやっている先進諸国は、自己肯定感を育むだけではなく「タイムマネジメント」「合理的思考」などを育んでいるとの主張は、アメリカ最難関大学といわれるスタンフォード大学でよく聞く。スタンフォード大学は全米で最も多くオリンピック金メダリストを輩出しているが、日本人が探究すべきポイントは「金メダリストを多く輩出しているスタンフォード大学」というファクトだけに注目するのではなく、アメリカの大学生たちがどのような環境で育ち、どのようにスポーツと勉学に取り組んでいるのかに関心を寄せるべきだろう。

整理すると、全米の大学生たちは次の3つが明らかに日本とは違う。
(1)勉強ができない学生アスリートは公式戦に出場できない全米共通のルールがある
(2)スポーツ推薦の学生は特に成績管理が厳しく、規定の学業数値を下回ると奨学金を与えてはいけないルールがある
(3)大学のトップアスリートは、高校生まで複数の競技経験を持つマルチスポーツプレイヤーである
つまり、アメリカではトップアスリートの文武両道が社会的に評価されるシステムが完成しているのだ。大学の成績が悪ければ公式戦に出られないルールが存在するため、普通

に考えれば「スポーツだけやってきた子どもたち」は超難関大学への進学は避けることになる。

スタンフォード大学などの名門大学がマルチスポーツを重視するポイントは、子どもたちの非認知能力が大切だと考えているからだろう。所属するチームが複数になることで出会える大人（指導者）や仲間（選手たち）が増える。そして、季節ごとに自分の好きなスポーツを選べることは、競技が切り替わるタイミングで休息期間が与えられ、自分で「なぜこのスポーツをやりたいのか」と考える時間が提供される。1シーズン契約の入部で翌年は新たにセレクション（入部テスト）を受けてチームに入るという、この短期集中型、多種目経験型のマルチスポーツ政策によって子どもたちの非認知能力が向上していることは間違いない。

少子化が進み、労働生産性を高めなければいけない日本では、改めて運動部活動のあり方を考え直すべき時期にきている。モノづくり王国時代の教育で根付いてしまった「一つのことをちゃんと続ける」「散漫にならず集中して長時間練習に励む」という工場モデルの慣習からいち早く脱したスポーツ文化を築き上げるためには、認知能力だけではなく非認知能力とスポーツの価値を見直す指導者たちの育成が急務である。

第5章

マルチスポーツ×探究心を高める思考法

▼グローバルな子どもを育む4つのヒント

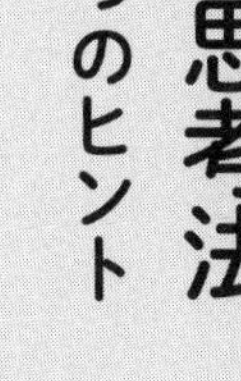

1

常にプランB（代替案）を考える思考法

〝失敗することを前提〟で物事を考える

第2章で述べた〝失敗学〟は、日本スポーツ界の未来を描く上で改めて事実を真摯に探究し、考え続ける思考法の重要なポイントとなる。

ここではマルチスポーツの考え方を実践していくために必要な4つの思考法を提示していくとともに、どのようにして失敗を恐れないで挑戦するか、また失敗したときのために「代替案を常に考える力」をいかに習得していくのかを検証する。

失敗学の実践で大切なことは、成功することを前提で考える「プランA」に加え、失敗することを前提で考える「プランB（代替案）」を設定することである。実は日本はプランAのみしか考えない傾向が強い国民性だと分析されている。

太平洋戦争でアメリカが代替案を常に設計しながら戦っていた例として、米軍は南太平洋で日本軍を攻撃するときに「日本の戦闘機によって撃墜されるだろう」というプランBありきで潜水艦の開発に力を入れた。撃墜されたときに搭乗員たちを海で救出する目的と、空での戦いは失敗する可能性もあることを前提に、海からの攻撃等にあらかじめ配備を徹底していたのである。

プランBを考えればプランCも出てくる

ハワイ・オアフ島のワイキキ・ビーチは日本人にも馴染みの観光地として知られているが、実はこの場所は米軍が兵士たちの休養をとるために造った人工ビーチである。この米軍静養地が造られた経緯を遡ると、プランBで海の戦艦と空母の2パターン同時攻撃を実行した根拠も深堀りできる。

日本軍は空中戦だけで勝負をかけた結果、きわめて優秀なパイロットたちを次々と失い、戦争後期には出撃経験を積んでいない者までも動員する状況に陥った。

一方、潜水艦を配備した米軍は撃墜された多くのベテランパイロットたちを救出することに成功し、経済合理性の観点（兵士たちを育てるコスト面）からも大きな人材損失を免れたのである。しかも、日本軍は兵士たちに休養を与えず、横になって寝ることも許されない〝精神論主義〟で戦うやり方を徹底して貫いた。対して米軍は静養地を造り、疲労困憊になる兵士たちを休ませながら空母と戦艦の両方を使いながら交互に総員を入れ替える戦い方を実行した。

プランAしか考えない人たちは一つのことしかアイデアを出せないが、プランBを前提に考える人たちは当然Aも考える。米軍のように、失敗を前提とした代替案の戦艦の準備が結果的には「海の戦力強化は兵士たちの体力・コンディション調整まで可能となる」というプランCの知見まで得られたのは必然だったのかもしれない。

NASAの宇宙飛行士は事故が起きた状態から訓練を始める

日本軍には戦略と戦術の乖離が生じ、戦場で戦う現場の意見を上層部が完全に無視したトップダウンのシングルループである。さらに科学的根拠に基づかない個人の技術や鍛錬という錬成度をひたすら高める方針を貫いたことでアメリカに負けた。一方でアメリカは常に現場で起きている正しい情報を吸い上げ、失敗したときを想定しながらプランBも必ず用意する国だ。

この米軍が築き上げた思考法は、小惑星探査機「はやぶさ2」に携わった元宇宙航空研究開発機構（JAXA）の山浦雄一氏が、かつてアメリカのNASAを訪れたときに、失敗を徹底的に究明する文化が継承されていることに感銘を受けたと語っている（『なぜ、いま思考力が必要なのか？』池上彰著／講談社刊）。

NASAは、宇宙飛行士たちがさまざまな訓練を行う中で、プランBがベースとなる不時着水になったときの訓練から徹底的に行い、乗組員たちは海に放り出される設計となっている。宇宙からの帰りに事故が起きたときは砂漠や危険な極寒地帯、森に不時着する可能性があるため「失敗したときのサバイバル訓練」からNASAは始めているのだという。

代替案、つまりプランBを思考する習慣は、これまでスペースシャトルが爆発事故を起こした（1986年に「チャレンジャー1号」が打ち上げ73秒後に空中分解して7人の乗組員全員が死亡）原因究明に遡り、とにかく失敗したときに備えた状況を逆算したパターンが膨大に蓄積されている。

日本人特有の「限定合理性」論理とは

日本軍の敗戦理由を「限定合理性」という新しい視点で指摘した名著『組織の不条理～

日本軍の失敗に学ぶ』（菊澤研宗著／中公文庫）は、「今さらやめられない」という結論にすぐ至ってしまう日本人の思考を論じている。

日本は「努力した」という精神論が根深い国民性であることを大前提として、これまで費やしてきた時間やお金を考えると「今さらゼロベースに引き返せない」「今さらやめるわけにはいかないだろう」といって、積み上げてきたことだけを合理的に考える「限定合理性」を重視し、部分最適でみれば合理的ではあるが総論では非合理な行動をとっていく習性を指摘する。

代表的な例として1941年当時、軍人でもあり内閣総理大臣の東條英機は優秀な官僚を集めて「アメリカとの戦争で勝算はあるのか」という分析を行ったが、石油の調達経過を予測して〝負ける〟という結論に至った。しかし、東條は負けるとわかっていながら「今さらやめられない」と開戦不可避となり精神論で突っ込んでいった。

『暁の宇品〜陸軍船舶司令官たちのヒロシマ〜』（堀川惠子著／講談社刊）には、そもそも石油が尽きる予測以外にも、日本軍は船舶数で圧倒的に劣勢であることを知っておきながら現実のデータを完全に無視して開戦へ強行突破した参謀たちの様子が詳細に記されている。

マルチスポーツは代替案を考える思考法を育む

このように、事実を真摯に探究する文化は日本では根付いていないように思われる。アメリカをはじめとするスポーツ先進国では、マルチスポーツを政策的に取り入れ、自分が本当にやりたいスポーツを見つけられる環境を整えており、常に複数のオプションが選べる代替案を持ち合わせている。

単に「するスポーツ」という面からマルチスポーツの利点を考えるのではなく、「サッカーがダメなら卓球で勝負しよう」といったプランBを思考することをスポーツ活動から習得している。マルチスポーツの国々は、子どもたちの自己肯定感をスポーツで維持させたり、スポーツを通して自分自身の長所を見直す機会を与えている。

日本と海外の子どもたちを比較した『子ども・若者白書～特集 今を生きる若者の意識国際比較からみえてくるもの～』(2014年/内閣府刊)を見れば一目瞭然である。

内閣府は、日本を含めた7ヵ国(韓国、アメリカ、イギリス、ドイツ、フランス、スウェーデン)の満13～29歳の若者を対象とした意識調査の結果を報告しているが、「自己肯定感『設問:自分自身に満足している』」に対して、トップは86%のアメリカ。次いで2

位イギリス（83・1％）、3位フランス（82・7％）、4位ドイツ（80・9％）、5位スウェーデン（74・4％）、6位韓国（71・5％）、そして残念ながらこれら6ヵ国の数値をはるかに下回る最下位の日本は45・8％であった。

同調査の他の項目を少し紹介すると、「自分には長所がある」という設問に対しても日本は7ヵ国中最下位（1位アメリカ93・1％、日本68・9％）。「意欲『設問：うまくいくかわからないことにも意欲的に取り組む』」も日本は最下位（1位フランス86・1％、日本52・2％）。

ところが「心の状態『設問：憂鬱だと感じた』」は、日本がダントツの1位（77・9％、7位ドイツ36・9％）となり、日本国民は諸外国に比べて「悲しい、憂鬱」だと感じている割合が高いと報告されている。

ポジウィル社が行った日本人の20代の就職・仕事に関する調査結果（2021年）によると、大学生1～4年生（対象190人）の68・4％が「向いている仕事がわからない」、56・8％が「やりたいことがわからない」と回答している。同社の分析によれば、大学生は自己分析が十分にできておらず、意思決定の方向性が見えない人が多いと指摘する。一方、20代社会人を中心に現在抱えているキャリアの悩みについては、63・8％もの人が「夢中になれる仕事がわからない」と回答している。

これらの結果を見ると、日本人の若者たちは自分の人生に不安を持って生きている人が非常に多いことがわかる。

保護者を含め、教育者、指導者となる大人たちが少しずつでも限定合理性を改めて、常に代替案を考える思考法を取り入れてほしいと願う。

海外の子どもたちがスポーツを通じて、自然と習得している「これがダメでもこっちで頑張ろう」という価値観は、探究心を鍛えていかないといけない我が国では大いに参考にすべきだ。

2

常に新しいアイデアを生み出す思考法

アイデアづくりは「既に存在するものの組み合わせでしかない」

これまで探究心を育む人材育成の必要性を訴えてきたが、「自分の頭で考える」「正解主義の教育から脱する」などの最大の目的は〝新しいアイデアで勝負できる日本人を育てる〟ことである。

では具体的に新しいアイデアをどのように創り出すのか、という方法論について世界最大手の広告代理店トンプソン社最高顧問ジェームス・W・ヤング著のベストセラー『アイデアのつくり方』（CCCメディアハウス刊）を用いて紹介する。

１９６５年に刊行されて以来、半世紀以上にもわたり読み継がれてきたこの名著は、アイデアを創造する広告業界では教科書的な存在になっており、本質的なノウハウが記されている。

著者であるヤング氏は、誰もが唸る極上のアイデアは特別な才能から生まれるものではなく、ある程度決められたステップを踏めば誰でも生み出せると強調する。

また、アイデアづくりの核心は「アイデアとは既存の要素の新しい組み合わせ以外の何物でもない」と述べている。「独創的な発想はすべて唯一無二な存在である」という考え方が間違っているというのだ。ヤング氏の主張は、この世界には完全なゼロベースで生み出すアイデアは存在しないということ。既にうまくいっているものから、上手に模倣することだと述べている。

例えば、画家のピカソは世界中で唯一無二の芸術性を持つ人物として有名だが、本人は「良い芸術家は真似をする。偉大な芸術家は盗む」という名言を残している。発明家のトーマス・エジソンは「肝心なのは、いかに盗むかである」と言い、アップル創業者のスティーブ・ジョブズは「ゼロックス社の技術を参考にして初代のＭａｃパソコンを開発した」と公言している。

つまり、唯一無二といわれてきた偉人たちほどゼロから生み出さずに模倣している、という共通点が散見される。

さらにアイデアづくりの重要なポイントとしてあげているのは、ただ良いものを模倣するのではなく、「うまく組み合わせること」に精力を注ぐこと、そして「なるべく遠いものを組み合わせて極上のアイデアに仕上げる」ことだと述べている。

ゼロから生み出したような極上のアイデアは、「なるべく遠いものを組み合わせる」という意味が少々わかりにくいので、『知的生産術』（出口治明著／日本実業出版社刊）で紹介されている「ソラノイロ」というラーメン屋が創造したイノベーションを紹介しよう。

ソラノイロは、日本で初めてラーメンの麺、スープ、トッピングすべてに野菜を使ってつくる店として有名になった。同店では、スープにはキャベツやニンジンなどを煮出してつくる「ベジブロス」に塩味を効かせ、ムール貝などを使用してつくるタレと合わせる。すべて野菜を使ってつくられたヘルシーラーメンは「ベジソバ」と呼ばれ、高カロリーを避ける傾向にある人々にも喜ばれ、ヘルシー志向の現代で注目を集めた。

著者である出口氏は「ラーメンと聞いて、ニンジンやムール貝を連想する人はいるでしょうか。これらは、距離が遠い。だからこそ、ベジソバというイノベーティブなラーメンが誕生したのです」と述べている。

極上のアイデアを生み出すイノベーションについては同書でも「既存知間の距離が遠いほど劇的なイノベーションが生まれる法則がある」といっている。これは、まさにヤング氏の考え方と同じだ。

アイデアが生まれる「5つのステップ」

ヤング氏の著書『アイデアのつくり方』は既に多くの専門家たちによって翻訳されているが、簡単に5つのステップを紹介しよう。

【ジェームス・W・ヤングが提唱するアイデアづくりの5つの方法】

(1)アイデアの元になるデータ・資料を収集する
(2)集めたデータ・資料を噛み砕く
(3)アイデアをすべて放棄して熟成させる
(4)アイデアが誕生するプロセス
(5)アイデアを実際に具体化する
※(4)と(5)に関しては特段細かい説明が不要。(4)はアイデアが浮かぶ時点に入ったこと。(5)はそのアイデアを実際に具体化（商品やサービスとして出す）することである。

まず、ヤング氏が提唱するアイデアのつくり方のファーストステップは、(1)データの収集。アイデアを考える前の日常生活で情報に貪欲になって掻き集めるということだ。要は日々の生活の中で余裕を持たず、狭い視野で生きていたらおもしろいアイデアは生まれないと指摘している。自分の専門分野や業務を超えた〝遠いもの〟にも常に興味を持てということである。

ヤング氏が賞賛するアイデアあふれるビジネスマンたちの共通点は、本業とは関係ない幅広い知識を持ち、ジャンルを問わず無差別に貪欲に情報収集をしていたことだという。

次のステップは、⑵集めたデータ・資料を噛み砕く。これは、むしろファーストステップで教えられた「無差別に掻き集める」とは真逆で、自分の本業となる主軸（専門分野）を深堀りするということである。ヤング氏の提唱するアイデアづくりは「うまく組み合わせること」だ。したがって、ステップ⑴と⑵は二個一で考えることが重要である。

ステップ⑵では、主軸を徹底的に深く分析する習慣を身につけろ、ということであり、これをステップ⑴と重ね合わせるトレーニングが必要だということである。既存知間の距離が遠いほど極上のアイデアが生まれ、劇的なイノベーションが誕生しやすいというのはまさにこのことである。

例えば、スポーツビジネスの話を例にあげると、某プロ野球球団職員がファングッズのレプリカ・ユニフォームの売上げを2倍にしなくてはいけない状況（売上目標）があったとしよう。売上げをアップさせるためのアイデアを考えるため、その球団職員は、「プロ野球ファンを増やすためには」とか「ユニフォームを買うお客さんってどんな人なのか調査しよう」といったことを分析する。しかし、ヤング氏はここの軸の深堀りがたいてい浅くなっていることでアイデアが創造できないと強調している。

前出の「ベジソバ」を生み出した店主・宮崎千尋さんは、出口氏の見解によると「ベジソバを創作できたのは、食材やラーメンに関する知識をたくさん持っていたからです。ムール貝を食べたことのない人や、ベジブロスを知らない人には、ベジソバをつくることはできません。そして、自分の頭で『野菜とムール貝の組み合わせ』を考えついた。ベジソバは『知識×考える力』がうまく作用して、イノベーション（新しいものを創り出すこと）を生み出した好例だと思います」と述べている。

つまり、ラーメン屋の店主はヤング氏の理論に当てはめると、⑴のステップで自分の専門分野であるラーメン（ラーメンは醤油、味噌、豚骨、塩ベースが一般的）以外の情報を常にインプットしていたことで「ムール貝」や「ベジブロス」に着目できた。そして、ステップ⑵では本業であるラーメンに関する知識量が深いプロ中のプロだったということだ。ベジソバというアイデア商品が唯一無二の存在になったことは、やはり一つのことだけを深堀りしてはダメだということがわかる。

アイデアづくりに「休養」は絶対不可欠要素

たとえ世界中を唸らせた大発明だとしても、基本はステップ⑴と⑵を組み合わせたものだ。そして、なるべく遠いものほど組み合わさったときにそのアイデアは唯一無二のものになる。現代社会の必需品となったスマホも「電話」と「パソコン」が組み合わさって完成し、人気アイドルグループのAKB48は「アイドル」＝遠い存在というイメージを「身近な存在」に変え、「選挙」という一見アイドルとは遠い政治のシステムを組み合わせて唯一無二のものにした。

ステップ⑶のアイデアをすべて放棄して熟成させる。実はこれが一番難しいポイントになる。ステップ⑴と⑵で組み合わせてみたいくつものアイデアは、実現性という観点で考えれば、必ずしも「ステップ⑸アイデアを実際に具体化する」までには至らないことが多い。なぜなら、既存知間の遠いものを組み合わせれば、これまで紹介してきた成功例はさておき、そのほとんどが現実的ではないアイデアばかりだからだ。

ヤング氏は「アイデア出しのほとんどは絶望だらけだ」と述べており、極上のアイデアどころか絶望感が襲ってくるにもかかわらず、これも確実に踏まなければいけないステップだという。それが、同氏の言葉で強調される「すべてを（一旦）放棄しろ」なのだ。
徹底的に深堀りして、組み合わせパズルをやってきたら次のステップは「休め」である。具体的には、「(4)アイデアが誕生する」前には、考えたアイデアから無理やり一旦離れろということだ。

「音楽を聴いたり、映画を観たり、小説でも読んだりしてアイデアを頭からも、心からも、一旦追い出しなさい」と謳っている。その理由は「極上のアイデアは、諸君が最も期待していない時に突如現れるだろう」と示唆しているからだ。それは、脳科学的にヤング氏が証明したのかは不明だが、彼は人間がリラックスしていて、脳みそがオフになっているときほど効果があると述べている。

一千年以上前の中国の詩人・欧陽脩は「優れた考えがよく浮かぶ場所」として3つのモノの上「三上」があると述べている。一つは馬に乗って移動しているときの「馬上」。二つめは人間がベッドや布団に横になっているときの「枕上」。三つめはトイレにいるときの「厠上」だ。

これらは、現代脳科学の研究によって徐々に証明されてきており、人間がリラックスしていて脳を意識的に使っていない状態のときのほうが活性化するといわれている。授業中や試験中といった意識的に脳を使っているときよりも使っていないときのほうが20倍も機能していたという研究結果もある。これはデフォルトモード・ネットワークと呼ばれるそうだが、ステップ(3)に関してはアイデアづくりのトレーニングにせよ、部活で一生懸命取り組むスポーツにせよ、日本人にとってはハードルが高い実践法ではないだろうか。

マルチスポーツは子どもたちのアイデアづくりを鍛える

常に新しいアイデアを生み出す思考法として具体的な方法論を述べてきたが、学校の探究授業や個人の身近なところでも今日から実践してみてほしい。

アイデア豊富な探究心の高い子を育てるステップは、(1)の部分がマルチスポーツ的価値観となり、常に他のスポーツにも興味・関心を持たせる環境づくりになると思う。ステップ(3)は、第4章で取り上げた日本スポーツ界の部活等の長時間練習の問題を解決するヒントにしてほしい。

諸外国ではマルチスポーツによってシーズン制が導入されているので、自然と一つの競技から「ステップ(3)アイデアをすべて放棄して熟成させる」ことができている。休息重視の諸外国は、既にこのような知見を参考にしてスポーツ政策が組まれているのではと思うほど合理的だ。

3

常に海外を意識する「国際スポーツ教育」の思考法

国際教育とスポーツ教育を組み合わせた「国際スポーツ教育」

文部科学省が定義している日本の国際教育は「国際化が一層進展している社会においては、国際関係や異文化を単に理解するだけでなく、自らが国際社会の一員としてどのように生きていくかという主体性を一層強く意識することが必要である。国際教育とは、国際化した社会において、地球的視野に立って、主体的に行動するために必要と考えられる態度・能力の基礎を育成するための教育である」とされ、国際教育を推進する視点については〝授業の改善要求〟が散見される。本書でもキーワードにあげている「探究型へのシフト」がその要求の一つとして明記された。

「国際教育は、学校の教科等の学習でも『総合的な学習の時間』でも取り組むことができるが、いずれの場合も教科等の学習と『総合的な学習の時間』の関連を常に意識するなど、学校の教育活動全体の中で取り組むことが大切である（文部科学省、初等中等教育における国際教育推進検討会報告・第1章「国際教育の意義と今後の在り方」）。

こうしたことを背景に、学校教育活動全体で「スポーツの役割」は非常に大きいため、探究型学習の時間で積極的にスポーツを取り上げ、スポーツを通じて国際社会の一員であることを主体的に考える人材を育てていってほしいものである。

一方、国際教育だけではなく、日本においては「スポーツ教育学」に関する研究も活性化しなくてはいけない。

『新時代のスポーツ教育学』（小野雄大・梶将徳編書／小学館集英社プロダクション刊）によると、日本のスポーツ教育学研究は「体育授業の学習指導プログラムの効果検証」が最も多く、次いで「パフォーマンスの測定・評価」、「体育授業の学習者論」、「体育教師論」といった研究が占めているという。全体的に、これまでの日本におけるスポーツ教育学は「体育授業」に関する研究が多く、研究の範囲の狭さを指摘している。

日本の体育・スポーツが学校教育を中心にして発展してきたという歴史的特質を踏まえれば、当然〝体育〟に関する研究が多かったのは必然だったと小野氏は述べている。また、日本の場合は運動部活動の発展が世界に類を見ない特殊的な教育活動であるにもかかわらず、「運動部活動」に関する研究となると極端に少なくなることも特徴だ。

これらの現状を踏まえて、国際教育とスポーツ教育を組み合わせた「国際スポーツ教育」を積極的に推進していきたいと思う。探究型授業を学校で行うとき、スポーツ指導者が子どもたちの探究心を高める教材として一翼を担えれば幸いである。

スポーツ教育にまつわる社会問題を見つめる意義

日本では、いつの時代もスポーツと教育に関する多くの出来事が社会問題となっている。こうした事件・事故をめぐる状況にも目を向けていく必要がある。

前出の『新時代のスポーツ教育学』の著者である梶将徳氏は、同書で「スポーツ教育の現場に生じるハラスメント」「安全とスポーツ教育」「健康とスポーツ教育」「共生とスポーツ教育」「アンチ・ドーピング教育」など、近年の日本スポーツ界で起きている社会問題を取り上げながら、スポーツ教育学に携わる人たちもただ手をこまぬいているだけではなく、具体的な議論を展開し、方策を講じていく必要があると指摘している。

これらの諸問題についてはスポーツと社会が密接に関わる中で、解決策の糸口を見つけていくためにも海外の事情等を探究すべきである。

例えば、近年こそ〝働き方改革〟が国民の中で定着してきたが、これまで企業戦士と呼ばれたサラリーマンや学校の教諭たちも四六時中働く〝激務風土〟の渦に飲み込まれて「長期休暇はとれない・とらない働き方」が続いた。その影響もあり海外で学ぶ機会を得られなかった大人たちが次世代を担う子どもたちに海外のことを意識させ、日本と比較する国際教育が浸透しなかったとも推測できる。

我が国にとって、「これからは本気で海外を意識しないといけない」ということは、移民受け入れ政策にしても同様である。今後は少子高齢化問題が深刻となり、高齢化に伴うコストが莫大にかかる時代に突入する。社会保障制度を支える生産年齢人口（15歳〜64歳）の割合が6割以下にまで減少するとの予測の中、労働生産力を高めないかぎり日本の経済は成り立たなくなる。

このテーマを探究するとき、参考にすべき国はスポーツ先進国ドイツである。ドイツはこれまで述べてきたように、労働生産性において世界一を誇る国だ。

スポーツに関していえば、欧州の中でもトップレベルのプロサッカーリーグ「ブンデスリーガ」を擁し、多くの日本人サッカー選手が在籍している。歴史を振り返れば、ドイツは日本と共通点も多く、人口規模にせよ、産業構造も「工業」や「農業」を中心とした同じ敗戦国である。

ドイツのような国をもっと学校の探究型授業でスポーツと関連づけて調べれば、子どもたちも学びの幅が一段と広がると思われる。

日本では長時間労働＝生産性が低いという社会問題が取り上げられることが以前より多くなってきたものの、これを日本のスポーツ教育問題から紐づけて議論することはいまだに少ない。「ブラック企業」という言葉が既に認知されている中で、ついには「ブラック部活動」とまでいわれるようになった。

ブラック企業はサラリーマン社会の問題で、ブラック部活動は学校教諭たちの問題と切り離して考えてはいけない。確実にこの2つの点はつながっており、一つの線として捉えるべきだ。

ドイツは英語圏ではないが、欧州の中でも多くの国民が英語をネイティブ級に話せるトップクラスの国だ（おそらくドイツ人とオランダ人がトップクラス）。日本では英語力を向上させる教育において、どうしても英語圏ばかりに教育者や子どもたちの意識は奪われてしまうが、ドイツのような国はほぼ英語圏と考えられることも認識してほしい。

本質的な国際スポーツ教育における〝グローバル人材の育成〟は自国のことを深く知り、日本と幅広い国々のことを比較しながら探究することである。

日本は既に移民大国になっている

「日本人として生まれ、日本で生活するのに英語ってどこまで必要なの？」と考えたことはないだろうか。特に団塊の世代から80年代生まれまでの大人たちはそう思っている人が多いと感じる。

〝英語はやっておいたほうがいい〟という感覚は、義務教育を経て自然と人々の心に埋め込まれた価値観ではあるが、日本経済が長期にわたって停滞している「失われた30年」の間に外国からの移民受け入れや外国人労働者の起用は積極的に行われず、海外を意識する機会が失われていた。この政策が後手となり、日本では常に海外を意識して日本と比較する国際教育の重要性が問われてこなかった。

日本でマルチスポーツが実践的に導入されなかった原因としても、これが大きく影響したと考えてよい。

「何となく異文化理解は必要だ」という意識を多くの国民は持っていたが、実際には外国人が身近にいなかったため、企業や学校教育の現場で海外の情報を輸入する必要がなかったことも一因だ。

『自分の頭で考える日本の論点』(出口治明著/幻冬舎刊)によれば、「2019年6月末時点の日本の在留外国人の数は約283万人で過去最高になった。ここには観光客など、3ヵ月未満の短期滞在者は含まれない。また、日本の年間の外国人受け入れ数はドイツ、アメリカ、イギリスに次ぐ4位で、移民が多いといわれるカナダやオーストラリアなどを上回る。つまり、移民受け入れの賛否を問うまでもなく、日本は既に『移民国家』『移民大国』といってもいいぐらいなのだ」と論じている。

たしかに在留外国人の数を見ると、私たちの生活圏内において決して疑問に思う数字ではない。外国人労働者が増えるという問題は、我が国では「日本人の雇用が奪われる」という懸念の声があったからだが、既にコンビニや飲食店の従業員が外国人だらけになっている光景がある。

「サッカーと移民政策」は探究学習の絶好のテーマ

「移民受け入れ策」は、国際スポーツ教育の観点からいえば日本にとって決して悪くはない。サッカーがその代表的な例だが、移民政策とスポーツ教育は密接に関わっている。サッカーW杯で決勝トーナメントに勝ち上がっている国々は、異国をルーツに持つ選手たちが代表チームに入り、サッカーを利用してその国の移民政策とスポーツ政策を発展させてきた。

例えば、フランス代表チームは歴史的に縁の深いアフリカ系移民との共存が成功している国といっていい。その政策はフランス代表選手に招集されている選手たちを見ればわかる。チームメンバーの80％近くの選手が異国にルーツを持つ人で構成されている。カタール大会決勝戦でスタメンだったウスマン・デンベレ選手はセネガル、ジュール・クンデ選手はベナン、ダヨ・ウパメカノ選手はギニアビサウ、オーレリアン・チュアメニ選手はカメルーンとなっている。

フランスではアルジェリア系移民のレジェンド選手となっているジネディーヌ・ジダン選手が活躍していた頃から「移民との共生」を謳っており、カタール大会決勝でハットトリックを決めて得点王に輝いたキリアン・エムバペ選手（カメルーン系移民）が10番を背負って戦った。実はこの「10番政策」も海外のサッカーを知る上で重要である。

サッカーでは背番号10がチームの顔と称されるが、ジダンが活躍後のフランス代表10番はシドニー・ゴヴ（ベナン）、カリム・ベンゼマ（アルジェリア）、そしてエムバペと、いずれもフランス領だったアフリカにルーツを持つ選手が背負っている。ちなみに、他国のEU圏でもフランスに限らず10番をつける選手は移民出身が多い。

ドイツにおいてもトルコ系移民との政策問題がサッカーと共に歩んできた経緯がある。ドイツ代表の10番だったメスト・エジル選手やチームの中心選手となっているイルカイ・ギュンドアン選手はまさに移民代表となって2014年のW杯ブラジル大会で優勝に導いたメンバーである。

ちなみに、ドイツ国内ではトルコの他にメルケル首相（当時）が2015年より本格的にシリアからの移民を受け入れる政策をスタートさせたため、シリア系ドイツ人も多い。同国各年代代表に招集されていたマフムド・ダフード選手（現ボルシア・ドルトムント所属）はシリアからの移民選手の代表格といっていいだろう。

カタール大会で話題になったフランス代表vsモロッコの準決勝。モロッコはアフリカ勢として初のベスト4を決め、準決勝で当たったフランスとは歴史的因縁の一戦ともなった。アメリカのネットラジオ局フィアスコは「フランスvsモロッコ。これは『植民地支配した者』対『植民地支配された者』の戦いだ」と報じている。

このようにEU圏内は、日本人の感覚には馴染みのない「勝てば国民扱い、負ければ移民扱い」という究極な環境で国際大会に挑んでいるのだ。これらの国々では、日常生活の中で外国を身近に感じるシーンが数多く存在し、学校教育の中でも異文化理解を深める国際教育とスポーツ教育が密接に関わっていることがわかる。

国際教育に力を入れて強豪校となったラグビー静岡聖光学院

マルチスポーツという政策は、主にG7（先進主要7ヵ国）やオーストラリア、ニュージーランドといったスポーツ先進国で推進されている。これらの国々は既述したとおり、移民の受け入れを積極的に行っていて、いわゆる国際的プレゼンスや教育水準が非常に高く〝グローバル人材教育〟にも力を入れている。我々日本人は、もっとこういった国々の実態を知り、まずは国際教育におけるスポーツ探究学習だけでも始めていかなくてはならない。

高校ラグビー界の強豪校・静岡聖光学院ラグビー部監督の佐々木陽平氏は『選手主体の時短練習で花園へ』（竹書房刊）の中で、同校がイギリスの名門パブリックスクール「イートン校」や「ハロウ校」からの生徒を静岡聖光ラグビー部の子どもたちの家にホームステイさせ、ラグビーを通じた国際交流とイギリスのエリート教育の取り組みを紹介している。

ラグビーの母国から指導者を招き、彼らの価値観がいかに日本人と違うかを述べている。ハロウ校のラグビー部監督の「ラグビーをやっている子たちはジェントルマンでなくてはいけない。ジェントルマンは、スポーツ・芸術・学習すべてをやらなければいけない」という考え方を指導者目線から教わったと記されていた。

また、ラグビー部員たちは留学生から「僕たちはエリートなんだから、ラグビーをするのは当たり前だ」と言われたという。日本人ラガーマンに限らず、日本での部活文化ではあまり聞いたことがないスポーツ教育の格差を感じたようだ。

同書でもたびたび紹介される表現だが、佐々木監督は「彼ら（イギリスでラグビーをやっているパブリックスクールの子たち）は大会で勝つという目的が希薄で、全国大会（ラグビーが盛んなイギリスやニュージーランドでも全国大会は存在しない）を目指さず、ラグビーだけではなく、サッカーやバスケットボール、さらに音楽や芸術もすべて修得できるようにするという考え方が普通であることに驚かされた」と述べている。

「花園に行くことがすべて。それ以外はどうでもいい。という考え方がいかにナンセンスか」と同書の中で佐々木監督が強く主張している点がとても印象的だ。

4

常に東南アジアの動向を意識する思考法

これからの国際教育は必ずしも英語圏だけではない

ラグビー、サッカー、野球、バスケットボール、テニス、バドミントンといった日本でも人気スポーツの多くは、イギリスやアメリカが発祥の地となる。つまり、これらの競技は英語圏を母国とすることが多い。語学教育という意味では、日本は早くから英語教育に取り組んでおり、学校教育では主要科目として比重が大きいが、これからの時代の国際教育という点では決して英語圏だけではなくなるだろう。さまざまな国が入り混じっているEU（ヨーロッパ連合）や経済成長が著しく成長しているアジア圏はスポーツの世界でも異文化理解を深めるべき国々であることを忘れてはいけない。

戦後の日本は「アメリカに追いつけ追い越せ」の一辺倒で、国民全員が模範とする国はアメリカだとはっきりしていたが、近年は目指す国がかなり多様化している。問題視すべきは、多様化していることに気づかないまま世界の動きに取り残されてしまうことだ。

例えば、自動車も国内の販売台数実績からみればアメリカ産ではなく、外国車は圧倒的にドイツ車である。家具などのインテリアは北欧スタイルが人気も高まり、飲食系ではインドカレー、タイ料理、韓国料理店などが街中の至る所に増えている。映画、音楽の芸能界は「韓流」「K-POP」という言葉が定着し、エンターテイメントビジネスも日本の若者は韓国から大きな影響を受けている。

スポーツ界も非英語圏の国々が台頭している。サッカーのW杯を見ても一目瞭然だ。2022カタール大会で優勝したのは南米のアルゼンチン。準優勝はフランス。3位はクロアチアだ。このW杯ではアフリカ勢のモロッコが大健闘したことを含め、カタール大会で決勝トーナメントに進出した16ヵ国中、非英語圏は13ヵ国（オランダ、クロアチア、フランス、ポーランド、ポルトガル、スイス、スペイン、日本、韓国、ブラジルなど）で、英語圏はアメリカ、イングランド、オーストラリアの3ヵ国だけだ。

サッカーはイギリスが発祥の地ということもあり，ヨーロッパ全域を中心に人気が高まっていった。日本の子どもたちはサッカーをやっていても「海外＝欧州」という側面しか見ていないかもしれないが、欧州だけが憧れの的となり巨額な年俸を稼ぐプロサッカービジネスが成立しているわけではないことを知る必要がある。

欧州の世界的人気クラブ「FCバルセロナ」や「マンチェスター・ユナイテッド」の選手たちが天文学的数字の年俸を稼げるのは、自国のファン・サポーターが支えているのではなく（もちろんその要素はあるが）、その資金源の多くはアジアマネーだ。

マンチェスター・ユナイテッドの公式グッズはネット販売を強化させたことによって中国での売上げが巨大化し、自国のイギリス人が買う売上げ規模をはるかに超えている。欧州のほとんどのビッグクラブはアジア圏内から流れる放映権、商品売上金、協賛金等の収入が経営に大きく寄与している。

W杯の２０１８ロシア大会や２０２２カタール大会において、ＴＶ視聴者の目に映った広告看板のほとんどが中国企業だったのを世界中の人々は記憶しているはずだ。

〝サッカーを知る〟ということは、スポーツを通じて子どもたちに「グローバル教育」「情報リテラシー向上」「異文化理解」などを育む教育的価値の創出につながる。

著しい経済成長を遂げるアジアの国際教育

今後我々はアジア諸国地域に対する意識を意図的に高めていかなければならない。

「日本は他国との付き合いなしでは生きていけない国」であるという事実をもっと学校教育の中で子どもたちに探究させていかなくてはいけない。

例えば、現代の文明生活のベースとなっている「産業革命の3要素」である化石燃料、鉄鉱石、ゴムが日本にはないこと。そして、少子化により自国のマーケットがシュリンク（縮小）していくため、人口の順位予測が高い国々（例えば2030年予測で、1位インド15億人、2位中国14億人6000万人、3位アメリカ3億5000万人、そして4位のインドネシアは3億人）を相手に国際協調路線でやっていく以外、将来の豊かな生活は送れないという事実を教育していかなければならない。

インドネシアは経済成長が著しく伸びている国の一つだ。2016年から2030年のGDP予測成長率は、1位のインド（248・3％）、2位のベトナム（212・0％）ほどではないが、堂々の世界第7位（160・3％）にランクされている。残念ながら日本は32位で15・6％と桁違いな停滞状態。

この状況を少しでも改善させるには、次世代を担う子どもたちが主体的に疑問と課題を見つけて情報収集し、分析する思考力を高める探究心を育んでいかなくてはならないことが理解できるはずだ。

フォロワー数がJクラブナンバーワンになった東京ヴェルディ

経済面だけではなくスポーツ教育においてもアジア諸国の動向は探究心を育む。インドネシアはサッカーの他にバドミントンとバスケットボールが人気である。近年ではJリーグで数えきれないほどのアジア人（特に韓国、タイ、ベトナム）選手たちがプレーをしている。その影響はJリーグ公式Facebookのフォロワー数にも表れ、日本人よりもタイ人のほうが多いことが明らかになった。

東京ヴェルディに、2022シーズンからインドネシア代表のDFアルハン選手が加入した途端、ヴェルディの公式インスタグラムのフォロワー数が急増し、加入してから1ヵ月後には、なんとJ2クラブにもかかわらず45・2万人を記録した。

Jリーグの中でも人気クラブといわれる鹿島アントラーズ（15・8万人）、浦和レッズ（12・8万人）、FC東京（7・9万人）、川崎フロンターレ（16・3万人）、横浜F・マリノス（8・8万人）、ヴィッセル神戸（28・4万人）のフォロワー数と比較すれば、いかにアジア圏内のサッカー選手が持つ影響力が巨大であるかがわかる。全Jクラブの中でもインドネシア人選手を獲得したヴェルディがダントツ1位である。

ちなみに、アルハン選手個人のインスタフォロワー数は301・7万人。アルハン選手がインスタでヴェルディや日本の情報を投稿するたびにインドネシアで沸き起こる情報伝達力は計り知れないことがわかるというものだ。

GDP成長率世界1位のインドの五輪メダル獲得事情

インドネシアの経済成長率をはるかに超えて、GDPの成長率が世界第1位の国がインドだ。中国に次いで人口の多いインド（約13億人）だが、2030年には15億人を突破すると予測され、人口でも世界第1位となる。

経済成長が著しく、GDP世界一に君臨しそうな勢いのインドだが、2004年のアテネ五輪では銀メダル1個しか取れなかった。ところが、東京五輪では金1個、銀2個、銅4個の計7個（メダルを獲得した基盤種目は陸上、ウエイトリフティング、バドミントン、ボクシング、ホッケー、レスリング）で、自国史上最多のメダルを獲得した。

経済的に貧しい国が勝つのは、ウエイトリフティングやレスリングなど低コストの競技になりがちだが、五輪メダルの獲得種目はその国の歴史や政治の政策にも関係する。例えば、インドはイギリスの自治領の一つだった歴史があり、クリケットやホッケー、バドミントンが盛んな国である。

現代スポーツの発展をリードしてきたイギリス領土だった国々では、経済面で裕福になってくると、イギリスで盛んなラグビー、馬術、セーリングなどが強化されていく。オーストラリアやニュージーランドが五輪で活躍するのはその典型的なロールモデルといっていいだろう。インドが馬術やセーリングの種目でメダルを取る日も遠くないかもしれない。

マルチスポーツは子どもたちの「海外志向」を後押しする

文部科学省はこれまで国際化が一層進展している社会に対して、子どもの頃から強く意識することを求めてきた。その勢いは後退することもなく、２０２０年には小学校3年生から英語教育がスタートしたことでもわかる。これまで小学校5年生から始まる外国語活動（文部科学省発表による英語教育改革実施計画の中で使われる言葉）が2年も早まり、小学校3年生からすべての学校で必修化された。

しかし、実際は海外で挑戦することにほとんど興味のない「内向きな若者」の数が増加するばかりで、文部科学省によれば日本の大学生のうち、海外で学ぶ学生はたったの４％しかいないという。

また、政府が２０１９年から実施した別の調査によれば、留学したいと考える日本人の若者はわずか３分の１に留まり、韓国の66％、ドイツの51％などの数字に比べるときわめて少ない。同様に、産業能率大学の調査では「海外で働きたくない」と答えた日本の若い会社員の割合は、10年前には36％だったのに対して２０１７年には60％にも上がっている。

こうした状況の中で、日本の若者たちにとって「スポーツ」というコンテンツは子どもたちの「海外志向」を鍛える有効策となる。

さまざまな切り口で海外に興味を持てば、スポーツ先進国で当たり前に行っているマルチスポーツという政策にも自然と興味が湧くようになる。海外に興味を持つことが先か、スポーツの本質を探究することが先か、いずれにせよ国際スポーツ教育という観点から学校教育の「探究学習の時間」で学びを大いに増やしてほしいと期待する。

あとがき――マルチスポーツがもたらす未来予想図

本書では「探究心」と「マルチスポーツ」というキーワードを取り上げてきたが、日本人にとっては実に遠い世界の話に読み取れたかもしれない。思考力を高める教育やスポーツを複数やり続けることができる環境を整備しようとすれば、国民の価値観そのものから変える必要があるからだ。大がかりで抜本的な教育、スポーツの政策改革が必要になってくるだろう。

日本という国は歴史的に、何事においても他国が生み出したものをベースにして改良することが得意な国民である。つまり、マルチスポーツという海外の政策を研究して、日本人好みにアレンジすればいいと考えている。18世紀に起きた産業革命を振り返れば日本の特徴と未来が見えてくる。

「シン・ニホン」という言葉をTED×Tokyo（2016年）で生み出した安宅和人氏の名著『シン・ニホン～AI×データ時代における日本の再生と人材育成～』（ニューズピックス刊）では、産業革命における日本の史実を遡れば、日本が将来成長する希望はあると述べている。その理由を安宅氏は、18世紀から本格的に始まった産業革命の流れを大きく三つに分類して解説しているのだが、日本という国は歴史的にもともとゼロベースで何かを創造し、革命を起こしてきた実績がない国なのだから決して焦ることはないと指摘する。

産業革命の流れの一つ目は、現代社会においても必需品となっている新しい技術やエネルギーの誕生だ。蒸気機関車や電気の発明はこの時代に創られたもので、この時代では「国際単位系」と呼ばれる世界共通のメートルやリットルといった単位が生み出されている。消費電力の大きさを表す「ワット数」は、蒸気機関車や複写機の改良に励んだイギリス人ジェームズ・ワットであり、イタリア人物理学者のアレッサンドロ・ボルタは1800年に電池を発明し、現在でも使用されている電圧単位の「ボルト」などの単位は彼らの名前から来ているのは周知のとおりだ。特筆すべき点は、日本はこの時点で世界基準を何一つ創造していないことだ。

二つ目は、1900年代から始まった高度な応用技術の革新であり、これらの技術の実用化へと進んだ時代である。

新しい技術が実装され、エンジンやモーターが小型化され人々の生活で実際に使われるようになった。例えば、自動車や家電製品などが大量に生産されたのはこの時代である。ようやく日本でも他国が生み出したものをベースにしてテレビや洗濯機、カメラや時計といった精密機器を誕生させていき、この頃からソニー、トヨタ、松下電器産業（現パナソニック）、ニコン、セイコーといった日本を代表する世界的企業が急成長していった。

三つ目は、さまざまな技術革新が「協働する新しいシステム」の構築時代である。例えば、飛行機は高度な技術応用時代に生まれ（産業革命第二段階の1919年に誕生）「より速く、より高く、より遠くへ」で戦闘の主役として発展していった。第三段階の1960年代からは、戦うための飛行機ではなく、人を運ぶための旅客機へと変貌を遂げる。

日本で初めて開催された1964年の東京五輪は「新幹線誕生の年」であるが、この当時の新幹線が走る大部分の区間においては時速200キロを超える速度で運用するため、普通の鉄道とは異なるさまざまな技術（電送、土木、車両）が用いられた。世界的に見ても革命的な乗り物を造ったのが日本となったのである。

このような産業革命の流れを簡単に整理すると、日本という国はそもそも歴史的に第一次産業革命のときに何もやっていないことがわかる。むしろ、苦手なのだ。この頃の我が国は江戸時代の後半で、閉鎖的な国民性を育んでいったいわゆる鎖国の時代。欧米の新技術とエネルギーといった時代に、ひたすら農業や漁業を主とし、日本刀だけを武器として振り回していたことを考えれば、日本が今の時点でGoogle、Apple、Amazonといった世界の情報サービス産業企業に勝てなかったことは悔しがる必要もない。産業革命の第二段階に入ったときに、明治時代を迎えた日本は大急ぎで「西洋のものなら何でもよい」という極端な考え方に舵を切り、文明開化で衣食住から教育、思想などが一気に変わった。つまり、この「日本人は改良するスピードがすごい」という事実を長所として活かしたほうがいいことがわかる。

私は、本書でマルチスポーツという研究が日本では周回遅れのような表現をたびたびしてきたが、過去にも周回遅れなことはたくさんあったわけで、何も悲観的に捉える必要はない。日本経済の発展の歴史を振り返ればわかるように、良いものだと気づいたときの日本人のコピーする力、コラボレーションする力は世界でも類を見ない国だ。

マルチスポーツが既に一般化している諸外国を第一次産業革命だと考えれば、日本スポーツ界にも新しい未来をデザインするために本書が第二次、第三次と革命が起きる大きなヒントとなれば幸いである。

2023年3月

著　者

DiCesare, C. A., Montalvo, A., Foss, K. D. B., Thomas, S. M., Hewett, T. E., Jayanthi, N. A., & Myer, G. D. (2019). Sport specialization and coordination differences in multisport adolescent female basketball, soccer, and volleyball athletes. Journal of athletic training, 54(10), 1105-1114.

Hall, R., Foss, K. B., Hewett, T. E., & Myer, G. D. (2015). Sport specialization's association with an increased risk of developing anterior knee pain in adolescent female athletes. Journal of sport rehabilitation, 24(1), 31-35.

中山佑介TMG athletics：「米国一位の病院が鳴らす、子供のスポーツ早期競技特化への警報(2020年2月21日)」https://tmgathletics.net/2019/10/28/mayoclinic/

神奈川県：「部活動指導に関すること～中学校・高等学校生徒のスポーツ活動に関する調査報告書(2014年12月)」 https://www.pref.kanagawa.jp/docs/cy3/gkt/bkd-shidou.html

束原文郎(2008)「< 体育会系> 神話に関する予備的考察　体育会系と仕事に関する実証研究に向けて. 札幌大学総合論叢, 26, 21-34.

Sport NZ：「A guide to understanding specialisation, playing multiple sports, and training load.」 https://balanceisbetter.org.nz/how-much-is-too-much-when-it-comes-to-youth-sport/

中山佑介 TMG athletics：「子どもは複数スポーツを楽しく＋遅い競技特化を (2020年4月13日)」https://tmgathletics.net/2020/04/13/hpsnz/

中山佑介 TMG atheletis：「マルチスポーツ/LTADを支持するトップアスリート・コーチの声1(2020年4月23日)」https://tmgathletics.net/2019/12/19/voice1/

ロバート・M・マリーナほか (1995)『事典 発育・成熟 運動』(大修館書店)

杉原隆(2008)「運動発達を阻害する運動指導」.『幼児の教育』, 107(2), 16-22.

小野雄大・梶将徳(2022)『新時代のスポーツ教育学』(小学館集英社プロダクション)

小俣よしのぶ (2020)『「スポーツ万能」な子どもの育て方』(竹書房)

アンジェラ・ダックワース (2016)『やり抜く力 GRIT(グリット)－人生のあらゆる成功を決める「究極の能力」を身につける』(ダイヤモンド社)

マシュー・サイド (2021)『多様性の科学 画一的で凋落する組織、複数の視点で問題を解決する組織』(ディスカヴァー・トゥエンティワン)

チャールズ・A・オライリー著/ 入山章栄・渡部典子訳(2022)『両利きの経営』(東洋経済新報社)

加藤雅則・チャールズ・A・オライリー (2020)『両利きの組織をつくる－大企業病を打破する「攻めと守りの経営」』(英治出版社)

佐々木勝(2021)『経済学者が語るスポーツの力』(有斐閣)

菊澤研宗(2017)『組織の不条理－日本軍の失敗に学ぶ－』(中公文庫)

ジェームズ・W・ヤング (1988)『アイデアのつくり方』(CCCメディアハウス)

出口治明(2020)『自分の頭で考える日本の論点』(幻冬舎)

佐々木陽平(2021)『選手主体の時短練習で花園へ 静岡聖光学院ラグビー部の部活改革』(竹書房)

【参考文献】(初出順)

文部科学省(2018)総合的な探究の時間編、高等学校学習指導要領(平成30年告示)解説

一般社団法人英語4技能・探究学習推進協会編(2022)探究白書2022、「総合的な学習の時間」あるいは「総合的な探究の時間」の授業においてよく取り扱うテーマ

池上彰(2022)『社会に出るあなたに伝えたい　なぜ、いま思考力が必要なのか?』(講談社)

楠木建(2013)『ストーリーとしての競争戦略　優れた戦略の条件』(東洋経済新報社)

佐伯夕利子(2021)『教えないスキル　ビジャレアルに学ぶ7つの人材育成術』(小学館)

吉井理人(2018)『最高のコーチは、教えない。』(ディスカヴァー・トゥエンティワン)

一般社団法人こたえのない学校:「理念〜こたえのない学校にとっての『探究』とは〜」https://kotaenonai.org/principle/

探究学舎:「探究学舎の特徴〜受験も勉強も教えない教室〜」https://tanqgakusha.jp/about/feature/

藤原和博(2017)『10年後、君に仕事はあるのか?』(ダイヤモンド社)

出口治明(2019)『知的生産術』(日本実業出版社)

公益財団法人日本生産性本部:「労働生産性の国際比較2021 〜日本の時間当たり労働生産性は49.5ドル(5,086円)で、OECD加盟国38カ国中23位〜」https://www.jpc- net.jp/research/detail/005625.html

戸部良一ほか(1984)『失敗の本質〜日本軍の組織論的研究〜』(ダイヤモンド社)

高橋孝蔵(2012)『倫敦から来た近代スポーツの伝道師〜お雇い外国人F.W.ストレンジの活躍〜』(小学館)

スポーツ庁:「スポーツ庁が考える『スポーツ』とは?Deportareの意味すること(2018年3月15日)」https://sports.go.jp/special/policy/meaning-of-sport-and-deportare.html

スポーツ庁:「令和4年度全国体力・運動能力、運動習慣等調査結果」https://www.mext.go.jp/sports/b_menu/toukei/kodomo/zencyo/1411922_00004.html

日本経済新聞:「体格大きく筋力は低く　10代調査、1964年五輪時と比較(2020年10月18日)」https://www.nikkei.com/article/DGXMZO65151840Y0A011C2CR8000/

清水紀宏(2021)『子どものスポーツ格差—体力二極化の原因を問う』(大修館書店)

中野貴博・四方田健二・坂井智明・沖村多賀典(2019)『保護者の運動嗜好制は子ども達の活動意欲や体力に影響をおよぼすのか－運動実践中の子ども達の体力・活動量変化による検討－』名古屋学院大学論集　医学・健康科学・スポーツ科学篇8(1)

スポーツ庁:「運動部活動の在り方に関する総合的なガイドラインについて(平成30年3月19日　)」https://www.mext.go.jp/sports/b_menu/shingi/013_index/toushin/1402678.htm

Post, E. G., Trigsted, S. M., Riekena, J. W., Hetzel, S., McGuine, T. A., Brooks, M. A., & Bell, D. R. (2017). The association of sport specialization and training volume with injury history in youth athletes. The American journal of sports medicine, 45(6), 1405-1412.

【著者紹介】
大山　高（おおやま・たかし）
帝京大学経済学部経営学科准教授／博士（スポーツ科学）
1979年生まれ。東京都府中市出身。ニュージーランド・クライストチャーチの現地高校を卒業し、2000年に立命館アジア太平洋大学へ入学。2004年、三洋電機株式会社入社。本社ブランド戦略ユニットに配属され、自社のトップスポーツ協賛イベント（プロ野球サンヨーオールスターゲーム）や実業団チーム（ラグビーとバドミントン）の宣伝広報業務に従事。その後、Jリーグ・ヴィッセル神戸で営業、広報を担当。2009年に経営学修士号（立命館大学）を取得。2010年より博報堂にてプロサッカービジネスに関わる。2017年に早稲田大学大学院スポーツ科学研究科博士課程を修了、博士号を取得。現在は帝京大学経済学部経営学科准教授。
その他、英語で教える運動塾「spoglish GYM」を運営する株式会社second place（米国IMGアカデミーの日本正規取次代理店）のグローバルスポーツ教育アドバイザー、2019年より明治大学で兼任講師として「スポーツ実技」「基礎運動実習」も指導している。
2021年には東京2020五輪大会組織委員会広報局プレスオペレーション部東京スタジアム（サッカー、ラグビー、近代五種を担当）ベニューメディアマネージャーを務めた。著書『海外のサッカーはなぜ巨大化したのか』（青娥書房刊）は「サッカー本大賞2020」優秀作品賞を受賞した。

マルチスポーツを科学する

2023年4月18日　第1版第1刷発行

著　者　大山　高
発行者　関根文範
発行所　青娥書房
東京都千代田区神田神保町2-10-27
tel.03-3264-2023/fax.03-3264-2024
印刷製本　株式会社公栄社

ISBN978-4-7906-0396-2 C0075